안식

−당신이 누려야 할 기쁨의 향연

댄 알렌더 지음 | 안정임 옮김

Ivp

IVP(InterVarsity Press)는
'캠퍼스와 세상 속의 하나님 나라 운동'을 지향하는
IVF(InterVarsity Christian Fellowship)의 출판부로서,
'생각하는 그리스도인'을 위한 문서 운동을 실천합니다.

Sabbath
Copyright © 2009 by Dan B. Allender
Translated by permission of Thomas Nelson, Inc.
501 Nelson Place, Nashville, TN 37214, USA.
All rights reserved.

Korean Edition © 2010 by Korea InterVarsity Press
352-18 Seokyo-Dong, Mapo-Gu, Seoul, Korea 121-838

Translated and used by permission of Thomas Nelson, Inc. through
arrangement of rMaeng2, Seoul, Repubic of Korea.

본 저작물의 한국어판 저작권은 알맹2 에이전시를 통하여 Thomas Nelson, Inc.과
독점 계약한 IVP에 있습니다.
신 저작권법에 의하여 한국 내에서 보호받는 저작물이므로
무단전재와 무단복제를 금합니다.

The Ancient Practices Series 03

Sabbath

Dan B. Allender

네이버 강에서 함께 낚시를 즐기던

앤드류 알렌더, 스탠 보그덴, 매튜 카루치, 론 카루치, 트레이시 딘,
앤디 맥코이, 매트 맥코이, 마이크 맥코이, 스탠 스마트에게

안식일의 기쁨과 월척의 희열을 기원하며

서문   9

감사의 말   13

시작하는 말 _ 기쁨을 선사하는 날   15

    1장 잃어버린 안식일   31

1부 ... 안식일의 기둥
    2장 감각적인 영광   51
    3장 성스러운 시간   65
    4장 축제의 한마당   81
    5장 거룩한 놀이   97

2부 ... 안식일의 목적

    6장 불화를 이기는 평강   117

    7장 결핍을 이기는 풍요로움   131

    8장 절망을 이기는 기쁨   147

3부 ... 안식일의 실천

    9장 안식일의 의식과 상징   163

    10장 안식일의 침묵   179

    11장 안식일의 정의 구현   195

맺는 말 _ 기쁨 가운데로 우리를 구원하소서   211

주   215

참고 문헌   225

서문

　유대교, 기독교, 이슬람교에서 공통적으로 받드는 신앙의 조상은 아브라함이다. 모두가 아브라함의 후손이라고 주장하는 것도 그렇고 일곱 가지 영성 훈련이라든가 아브라함 시대로 거슬러 올라가는 신앙의 전통 역시 공통 분모로 갖고 있다. 일곱 가지 영성 훈련 중에서 적어도 두 가지는 아브라함 시대 이전에 생겨난 것이 분명해 보이는데도 그들은 그것이 아브라함 시대부터 생긴 것이라고 주장한다.

　유대교, 기독교, 이슬람교는 그 일곱 가지 영성 훈련을 지속하는 정도를 넘어서 그것들을 일상의 문화로 정착시키고자 수 세기에 걸쳐 많은 노력을 기울여 왔다. 즉 십일조, 금식, 성무일도, 안식일, 절기, 순례, 성찬은 유대교, 기독교, 이슬람교가 정착시킨 신앙 생활의 골자가 되었으며, 동시에 거주 지역의 토착 문화에 따라 다양한 형태로 발전하며 종교 역사의 흥미로운 순간들을 창출해 내었다. 그 중에서도 안식일과 안식일을 지키는 방식은 가장 다양하고 풍성한 내력을 가지고 있다.

　한 가지 흥미로운 사실은 주님을 위해 하루를 거룩하게 지키는 풍습이 아브라함 시대부터 내려 온 일곱 가지 영성 훈련 중에서 유일하게 시내 산에서 주어진 십계명과 토라에 기록되어 있다는 점이다. 안식일을 거룩하게 지키기 위해서 무엇을 해야 하고 무엇을 하지 말아야 하는가 하는 문제는 다른 여섯 가지에 비해 훨씬 더 풍부한 종교적 대화를 낳았다. 시대마다 부르는 이름이 달랐지만 안식일은 사람들에게 중요한 문제였기 때문이다.

지금 독자의 손에 들려 있는 이 완성된 원고를 읽어 보기 전까지 나는 안식일의 의미는 물론이고 이를 둘러싼 풍부한 이야기들을 제대로 파악하지 못하고 있었다. 이 책의 고유한 가치는 안식일 지키기에 대한 저자의 헌신과 신념에서 흘러 나온다. 또한 전문 신학자로서 댄 알렌더 박사가 가지고 있는 방대한 지식은 이 글의 신뢰성을 높여 준다. 그 외에도 각 페이지마다 묻어나는 저자의 안식일에 대한 따뜻한 사랑 때문에 독자들은 친근감 있고 시적이기까지 각 장의 내용에 매료되고 말 것이다.

나는 한 번도 안식일을 기쁨과 연결지어 본 적이 없으며 놀이하며 느긋함을 즐기는 시간이라고 생각해 본 적이 없었다. 어린 시절 배웠던 걸음마처럼 하나님 아버지와의 즐거운 동행을 배우기 위한 훈련의 시간이라는 생각도 무척이나 생소했다.

이 원고를 읽고 책으로 엮어 가는 도중에 내 삶에서도 안식일은 딱딱하고 엄격한 계명에서 거룩한 놀이요 비밀스런 놀이터로 자리잡기 시작했다. 그리고 그 놀이터에 방문할 때마다 나는 새로운 수준의 기쁨을 발견하곤 했다.

이 책을 읽는 독자들 모두에게 그런 일이 일어날 것이라고 주제넘게 장담할 수는 없을 것이다. 그러나 나에게 그런 일이 정말로 일어난 것에 깊이 감사하며 독자에게도 같은 일이 일어나길 소망해 본다.

필리스 티클(Phyllis Tickle)
영성의 보화 시리즈 편집자

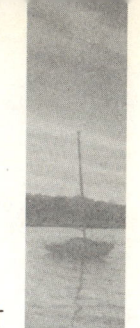

감사의 말

내 삶에 큰 기쁨을 안겨 준 수많은 이에게 나는 사랑의 빚을 지고 있다.

먼저 이 책을 출판해 준 매트 보거에게 감사한다. 나와 절친한 사이이기도 한 그로 말미암아 이 책이 "영성의 보화 시리즈"를 통해서 세상에 빛을 보게 되었다. 그의 친절한 한마디 한마디는 내게 기쁨의 향연과도 같았다. 나의 꿈에 귀를 기울여 준 실리 예이츠에게도 감사한다. 내게는 비할 바 없이 값진 선물이었다.

마스힐 대학원에서 나의 안식일 강의를 들어준 모든 학생과, 나와 함께 수업을 이끌었던 롭 길그리스트 교수에게 감사한다. 그들의 심오한 질문들, 귀중한 발표 자료, 그리고 안식일에 대한 사랑 덕에 이 책의 내용과 울림을 미리 시험해 볼 수 있었고 큰 힘과 용기를 얻게 되었다.

아울러 해더 애보트, 마이클 오다스, 에린 바나직, 저스틴 바란테, 타마라 보울딩, 크리스티 브로일레스, 엘리제 카드웰, 캐롤 카슨, 앤드류 챔벌린, 리니 클라인, 밀리스 프룰링, 캐서린 고든, 트레이시 쿤즈, 린제이 리트너, 패트릭 러브, 앨리슨 메이, 데이비드 미칼로스키, 제시카 밀러, 안젤라 커비 닉슨, 리사 쿤란, 새뮤얼 레이니, 조수아 레이놀즈, 크리

스토퍼 로버츠, 섀넌 스타우퍼, 캐서린 스테워드슨, 카린 테일러, 켈시 팀슨에게 고마움을 전한다.

친애하는 팸 데이비스, 스커티 스미스, 엘리자베스 터니지에게도 고마움을 금할 길 없다. 그들은 마음속에서 우러나는 충고와 세심한 의견을 내게 전해 주었다.

이 책의 난해한 주제들을 놓고 고민할 때 함께 씨름해 준 론 카루치에게도 감사한다. 그의 도움은 이 책의 추진력이 되어 주었다.

유능하고 현명한 나의 연구원 필립 넬리스와 레이첼 클린턴에게 감사한다. 두 사람이 던져 준 적절한 질문과 제안과 의견 때문에 책을 쓰는 데 덕을 본 것이 몇 번인지 헤아릴 수조차 없을 정도다. 두 사람과 함께 일했던 시간은 내게 참으로 귀중한 경험이었고 학식과 이성과 신학과 철학과 목양이 맛있게 뒤섞인 그야말로 진수성찬이었다. 필립과 레이첼에게 거듭 고마움을 전하고 싶다. 그들의 참신한 발상과 사려 깊은 배려가 없었다면 이 책은 진부한 작업이 되고 말았을 것이다.

다소 어색하기는 하지만 나의 아내 레베카에게도 감사한다. 이미 수십 년 전에 아내는 내게 안식의 의미를 일깨워 주었건만 나는 그저 웃음으로 넘기고 말았다. 그토록 영예롭고 소중하고 용기 있는 선물을 나는 어째서 선반 위에 올려놓고 여태까지 잊고 지냈던 것일까? 내 안에 안식일의 아름다움과 구속의 능력을 끊임없이 불어넣어 준 아내 덕분에 나의 지치고 공허해진 마음이 변화를 갈망했던 게 아닌가 싶다. 다만 너무 오래 지체된 것이 안타까울 따름이다. 영원한 안식일의 참 휴식이 도래할 때까지 내가 이 땅에서 누릴 수 있는 새로운 종류의 안식을 알게 된 사실에 감사한다. 여보, 당신이야말로 내 삶의 큰 기쁨이오.

시작하는 말

기쁨을 선사하는 날

미얀마 국경에서 1킬로미터 정도 떨어진 곳에 태국 난민촌이 있다. 그곳에서 보낸 하룻밤은 안식에 대해 내가 가장 하고 싶었던 말이 무엇인지를 깨닫게 해주었다. 당시 우리 부부는 마이 소트 난민촌을 방문 중이었는데 그곳에는 미얀마 정부의 내규모 학살을 피해서 도망 나온 5만 명의 난민이 수용되어 있었다. 사이먼 박사는 그 수용소 내에서 성경대학과 대학원을 운영하고 있었으며, 우리는 사이먼 박사 밑에서 연구를 하기 위한 목적으로 그곳을 방문한 참이었다. 사이먼 박사는 인도를 비롯해 미얀마, 태국, 베트남, 라오스, 캄보디아에서 온 수많은 학생들을 가르치고 훈련해 온 분이었다.

나는 주중에 모이는 카렌 족 사람들의 교회 예배에서 설교를 한 적이 있었다. 그곳에 모인 어른과 아이들은 두 시간에 걸쳐 예배를 드렸으며 내가 들어 본 중에 가장 아름다운 찬양을 불렀다.

예배가 끝난 후, 우리 부부는 사이먼 박사와 함께 무려 세 시간에 걸쳐 이런저런 한담을 나누었다. 가짓수는 적었지만 푸짐한 음식을 앞에 놓고서 우리는 사이먼 박사가 들려주는 난민들의 고난과 감동의 이야기들을 들었다. 제2차 세계대전이 한창일 때 영국인들은 카렌 족 사람들을 왕실 경호대로 특별 임명한 후에 영국 왕실을 섬기는 대가로 그들을 보호해 주겠다고 약속했다고 한다. 그러나 영국인들은 미얀마를 떠났고, 식민지 통치를 벗어난 그 땅의 일에 더 이상 개입하려 하지 않았다. 얼마 못 가 미얀마를 지배하던 세력은 차츰 카렌 족 영토를 침략했고 여인들을 강간하며 남자들을 무자비하게 살해하기 시작했다. 카렌 족을 지구상에서 멸절시키려는 미얀마 정부의 계략이—세상에 가장 알려지지 않은 20세기 대참극 중의 하나다!—그렇게 시작된 것이다.

사이먼 박사는 장교였던 아버지와 미얀마 육군 장성이었던 장인의 비참하면서도 가슴 아픈 사연과 아울러 소망에 찬 이야기들을 하나씩 풀어 놓았다. 이야기를 듣는 중 어느새 날은 칠흑같이 어두워졌고 우리 앞에 놓인 탁자 위에는 가녀린 촛불만이 희미한 빛을 발하고 있었다. 개인의 과거사에서부터 고대 부족들의 이야기, 성경적 주제, 그리고 현재의 고난과 소망에 이르기까지 사이먼 박사의 이야기가 하나씩 이어졌고 촛불 그림자는 벽에서 넘실넘실 춤을 추었다. 그의 이야기를 방해할 것은 아무것도 없었다. 확인해야 할 이메일도, 걸려 오는 휴대전화도, 끝내야 할 일거리도 없었다. 밖에서는 은은하고 조용한 성탄절 음악이 들려왔다. 카렌 족 사람들은 밤새도록 대나무와 나뭇잎으로 만든 집들을 돌아다니면서 성탄절 노래와 찬양으로 예수님의 탄생을 축하했다.

침묵에 휩싸인 정글에서는 귀뚜라미와 개구리의 세레나데가 간간이 울려 퍼지고 풀향기를 가득 담은 선선한 공기가 우리의 코끝을 스쳤다. 몇 시간이 흘렀건만 마치 몇 분이 지난 것 같았다. 사이먼 박사는 우리 부부를 보고 "괜찮으시다면 내일 계속해서 이야기해 드리지요. 저는 이제 자야 할 것 같습니다"라고 말했다. 그는 예의바르고 품위 있게 우리에게 인사를 건넨 다음 자신의 방으로 들어갔다.

잠시 후, 아내가 먼저 입을 열었다. "이곳이 바로 거룩한 땅 같아요."

∷ 거룩한 날

거룩한 순간을 발견했을 때, 우리의 시간, 음식, 대화, 슬픔, 희망, 인간 관계는 보기 드문 달콤한 매력을 발산한다. 성경은 "세계와 그 가운데에 사는 자들은 다 여호와의 것이로다"(시 24:1)라고 했으며, 모든 공간이 거룩하지만 모든 공간이 완벽하게 성결한 것은 아직 아니라고 했다. 그러나 시간, 즉 안식일이라는 하루의 시간은 거룩하게 성화되어야 한다.

태국 난민촌에서 들은 감동적인 이야기들은 그 땅을 예수님의 죽음과 부활과 승천의 흔적으로 가득 채웠다. 그곳은 단순히 가슴 아픈 사연과 증오가 있고 절망과 희망이 교차하는 난민촌이 아니었다. 뼈와 살이 있고 호흡과 기도가 있는 곳이었다. 이제껏, 난민촌 신학교에서 사이먼 박사와 함께 보낸 시간만큼 거룩한 공간과 시간을 찾아보기는 쉽지 않았다.

그럼에도 불구하고 나는 내 인생에서 날마다 그리고 매주, 그때만큼 거룩하고 아름다운 시간을 찾아야만 한다. 거룩함은 사람들의 합의에 의해 정해진 장소, 이를테면 교회나 수도원이나 산맥의 절경을 감상할 수 있는 전망대에 머무르고 있지 않다. 우리가 아름다움에 매료되는 순간 거룩함은 임재한다. 그리고 시간을 잊게 만드는 기쁨의 춤이 소용돌이처럼 우리를 휘감으며, 우리의 앞뒤 좌우에 있던 영원의 광대함을 잠시 맛보게 한다.

거룩함은 예기치 못한 순간에 찾아와 우리를 깜짝 놀라게 하며 마음으로부터 감탄과 감사가 흘러나오게 한다. 익숙한 스키장을 활강할 때도, 빛과 그림자가 뒤엉켜 신비로운 무대를 만들어 낼 때도, 에티오피아의 아디스아바바에 있는 새 집에서 첫 아침을 맞이할 때도, 6개월간 외국어 공부를 하고 처음으로 외국어로 말하는 꿈을 꾸었을 때에도 사람들은 거룩함을 경험할 수 있다. 그처럼 감미로운 경이의 순간들이 바로 기쁨을 잉태하고 있는 순간이다.

> 거룩함은 예기치 못한 순간에 찾아와 우리를 깜짝 놀라게 하며 마음으로부터 감탄과 감사가 흘러나오게 한다.

기쁨을 맛보기 위해 수천 킬로미터를 달려가 하나님의 임재를 발견해야 하는 것은 아니지만 되풀이되는 일상에서 벗어나야 할 필요는 있다. 기쁨을 맛보며 하나님을 따라가기 위한 의도적인 선택이 필요하다. 하나님은 언약을 지키시고 갇힌 자를 해방하시는 신실한 분이고 자신이 창조한 만물의 영광을 만끽하고 계시는 분이다.

내가 사이먼 박사에게서 배운 한 가지는, 복잡한 삶의 문제에 묶이거나 절망에 사로잡히기를 거부할 때 안식일의 휴식이 주어진다는 사실이었다. 어둠이 우리를 에워싸고 하나님보다 자신이 더 진실하다며 아우성을 치는 중이라도 우리의 눈이 하나님의 창조와 구속을 동시에 바라볼 수 있다면 기쁨으로 진입할 수 있다. 사이먼 박사는 어떻게 그런 상황에서 소망을 품을 수 있었을까? 난민촌에서 18년을 지낸 사람이 어쩌면 그렇게 꿋꿋하고 한결같을 수 있는지 나로서는 이해가 되지 않았다.

그의 삶은 우리가 종종 추구하는 위안과 쾌락이 기쁨의 모조품에 불과하다는 것을 뚜렷이 드러내 보이고 있었다. 사이먼 박사의 기쁨은 내가 기쁨에 대해 전혀 모르고 있는 것은 아닌가 돌아보게 하였다.

안식일은 기쁨으로 들어가는 초대장이다. 하나님의 의도대로 지키는 안식일이야말로 우리 생애 최고의 날들이 되어야 한다. 그 주간에서 최고의 날이 되어야 하는 것 역시 두말할 필요가 없다. 수요일과 목요일과 금요일은 안식일을 손꼽아 고대하는 날이 되어야 하고, 일요일과 월요일과 화요일은 안식일을 즐겁게 회상하는 날이 되어야 한다(저자는 안식일이 토요일이라는 전제하에 말하고 있다—역주). 안식일은 잔치를 벌이고, 놀고, 춤추고, 부부만의 친밀한 시간을 가지고, 노래를 부르고, 기도하고, 웃고, 이야기를 들려주고, 책을 읽고, 그림을 그리고, 산책을 하고, 자연을 감상하는, 충만하고 거룩한 시간이다. 그런데 이런 안식일을 거룩하게 지내려는 사람들이 매우 드물다. 하루 종일 기쁨과 즐거움을 만끽한다는 말 자체가 무척이나 낯설고 당혹스럽다. 일주일은 고사하고 평생에 걸쳐서라도 과연 그런 안식일을 맞이하는 게 가능한 일일까?

이 책에서는 다음 세 가지 주제를 핵심적으로 다루려고 한다. 그 주제를 미리 한 번 머릿속에 그려 보는 것도 독자들에게 유익하리라고 믿는다.

- 안식일을 정해서 휴식을 취한다는 것은 단순히 하나의 좋은 아이디어가 아니다. 그것은 십계명에 나와 있는 엄연한 하나님의 명령이다. 예수님은 안식일 명령을 폐지하거나 취소하지 않으셨다. 십계명에 등장하는 네 번째 계명(안식일 계명)은 하나님께 초점을 맞춘 앞선 세 계명과 인간 관계에

기쁨을 선사하는 날

중점을 둔 나머지 다섯 계명 중간에서 다리 역할을 한다.
- 안식일은 인간과 동물과 대지를 위한 기쁨의 날이다. 안식일은 단순히 경건하게 지내는 날이 아니며, 쉬는 날도 공휴일도 24시간의 휴가도 아니다.
- 안식일은 에덴동산에서 보낸 좋은 시절을 추억하며, 하나님의 영광을 위해 가족과 친구와 낯선 이들과 함께 새 하늘과 새 땅에서 벌일 놀이를 고대하는 축제의 날이다.

:: 네 번째 계명

일주일을 시작하면서 그 주간에 얼마나 거짓말을 할지 계획해 놓았노라고 자랑스럽게 떠벌리는 사람은 없다. 일주일을 마감하며 그 주간에 얼마나 많은 물건을 훔쳤는지 우쭐거리며 말하는 사람도 없다. 비록 우리가 악하고 어두운 시대에 살고 있지만 어느 누구도 십계명을 어겼노라고 공공연히 떠들고 다니지는 않는다. 딱 한 가지 계명을 제외하고.

우리는 분주함 때문에 우리가 인간으로서 지닌 품위를 손상시켰다. 얼마나 일을 많이 했는지, 그러고도 앞으로 얼마나 많은 일을 해야 하는지, 그 일들로 인해 얼마나 피곤하고 지쳤는지가 우리의 자랑거리다. 분주함과 속도와 생산성에 감탄하면서도 우리는 또한 여유롭고 시간 많은 사람을 부러워한다. 우리는 미쳤다.

> 안식일의 휴식은 선택이 아니라 명령이다.

완전히 미쳤다. 우리 자신도 그 사실을 알고 있다. 쉼이 필요하다는 취지의 책을 쓰는 것은 한편으로는 불필요해 보이고 최악의 경우에는 직설적으로 할 말—안식일의 휴식은 선택이 아니라 명령이다—을 돌려 말하는 것이 될지도 모른다. 그러나 반드시 해야 할 한마디가 그만큼 절실하다.

이 세상 어느 누구도 다른 사람으로부터 이래라저래라 명령을 듣고 싶어 하지는 않는다. 나는 그동안 안식일에 대한 수많은 책과 논문을 읽으면서 한 가지 재미있는 사실을 발견했다. 그 많은 책과 논문 중에서 안식일이 십계명의 네 번째 계명이라는 전제하에 집필한 책은 불과 몇 권에 지나지 않았다는 점이다. 보통은 우리에게 좋고 유익하니까 안식일에 쉬어야 한다고 말한다. 물론 틀린 말은 아니다. 그러나 우선 이 사실을 명심하기 바란다. 도둑질하고 거짓말하고 살인하는 것이 나쁜 일인 것처럼 안식일을 지키지 않는 것도 나쁜 일이다. 물론 십계명을 어겼을 때 따라오는 결과는 천차만별이다. 예를 들어, 간음을 하면 결혼생활에 파경을 맞지만 대부분의 나라에서는 간음을 했다고 사형을 시키지는 않는다. 남의 자동차를 훔치면 감옥에 가지만 직장에서 볼펜 하나를 훔쳤다고 해서 같은 대가를 치르지는 않는다.

그러나 어쨌든 안식일을 지키지 않는 것은 잘못이다. 우리에게는 안식일을 구별하여 거룩하게 지켜야 할 의무가 있다. 하나님은 우리에게 그분 말씀에 순종하라고 명령하셨다. 하나님은 우리 창조주이시며 우리가 그분이 창조한 세상에서 어떻게 살아야 하는지 기준과 한계를 정할 권위를 갖고 계시다. 그분이 정하신 기준과 한계를 마음대로 벗어난다면 우리 삶의 모든 면에서 그에 대한 대가가 따라올 것이다.

만일 하나님의 뜻을 거역한 죄의 결과만을 볼 수 있다면 누구든 죄에서 도망치려 할 것이다. 하지만 사실상 하나님의 법을 어기는 것이 역겹게 느껴지는 경우는 매우 드물다. 오히려 죄는 필요불가결할 뿐 아니라

기쁨을 선사하는 날

때로는 유익하게까지 여겨진다. 처음부터 죄를 있는 그대로 나쁘고 흉하게 보는 사람은 별로 없다. 누군가 당신에게 청명한 8월 아침에 로키 산맥의 신선한 공기를 들이마시는 것과 자동차에서 나오는 시커먼 매연을 들이마시는 것 중 하나를 선택하라고 한다면 무엇을 선택하겠는가? 하나님에게서 돌아설 때마다 우리는 시커먼 자동차 매연을 들이마시고 있는 것이다.

하나님의 계명을 단순히 하지 말라는 금지 조항 정도로 생각한다면 사실 그것은 매우 유치한 생각이다. 하나님의 계명은 자동차 매연을 들이마시는 것을 막아 주고 신선하고 상쾌한 공기를 들이마실 수 있게 해 주는 매개체다. 안식일은 우리가 마실 수 있는 가장 신선한 공기이며, 그 공기를 마시기 위해서는 하나님의 계명을 지키고 하나님이 원하시지 않는 것을 멀리해야만 한다. 다만 여기에 한 가지 문제가 있다.

안식일을 지키는 사람들 중에는 안식일이 오로지 의무, 근면, 신앙 생활의 날이라고 인식하는 사람들이 많다. 일체의 놀이나 오락을 삼가고 영혼의 공기를 빨아내는 듯한 성경 읽기, 기도, 낮잠, 지루한 예배 참석이 안식일에 해야 할 일이라고 생각하는 것이다. 그것이 안식일을 거룩하게 지키는 것이라면 차라리 지키지 않는 편이 낫다. 아예 안식일을 무시하거나 더 심하게 말해서 교회 가는 것으로 안식일을 지켰다고 생각하는 게 더 낫다는 말이다. 언제부터인가 안식일은 일요일이라는 생각이 일반적인 인식이 되어 버렸다. 예수님이 부활하신 일요일이 안식일로 둔갑해서 교회의 '일요

> 안식일 계명을 심각하게 받아들이는 사람들이 오히려 이런저런 규정으로 안식일을 망가뜨리고 안식일을 지키려고 안절부절못하는 사람들이 오히려 안식일의 기쁨을 파괴하고 있다.

일 아침 대예배'라는 종교 의식에 참석하는 날이 되어 버린 것이다. 대예배가 끝나면 그 다음은 보통 정원 손질, 기분 전환, 다음 주 준비 등으로 남은 시간을 보낸다. 정말 지붕 꼭대기라도 올라가 이렇게 외치고 싶다. "그건 안식일이 아닙니다! 안식일 파괴입니다!!"

안식일은 정확하게 24시간이어야 하는가? 일요일을 안식일로 정해야 하는가, 토요일을 안식일로 정해야 하는가, 아니면 토요일 해 지기 30분 전에 시작해서 일요일 해 지기 30분 전에 끝내야 하는가? 이러한 질문들은 안식일을 지켜야 하는 본래의 목적에서 우리를 멀어지게 만드는 우문(愚問)의 일종이다. 안식일은 정해진 종교 의식을 '수행'한 다음 나머지 시간은 되는 대로 보내거나 오락과 기분전환을 하는 날이 아니다.

어느 요일을 안식일로 정하든 그것은 아무런 문제가 되지 않는다. 교회에서 목회하는 목사와 전도사들은 보통 월요일이나 금요일을 안식일로 보낸다. 사실 끊임없이 반복되는 종교 활동과 의식으로 만성 피로에 시달리는 교역자들이 많다. 문제는 언제 그리고 얼마 동안이 아니라 온전히 기쁨 가운데 보낼 수 있는 날을 선택하는 것이다.

안식일 계명을 심각하게 받아들이는 사람들이 오히려 이런저런 규정으로 안식일을 망가뜨리고, 안식일을 지키려고 안절부절못하는 사람들이 오히려 안식일의 기쁨을 파괴하고 있다.

안식일이 단순히 좋은 아이디어나 일주일 중 내 마음대로 보낼 수 있는 하루가 아니고 하나님이 엄격하게 명령하신 날이라면, 왜 그날을 의도적으로 기쁨 가운데 맞이하지 못하는지 한 번쯤 자문해 보아야 한다. 하루를 구별하여 거룩하게 지킨다는 것은 대체 무엇을 의미하는가?

기쁨을 선사하는 날

:: 즐거움의 날

누군가 당신에게 이런 질문을 했다고 치자. 당신은 무엇이라고 대답하겠는가? "당신과 당신 가족, 친한 사람들에게 가장 즐거운 일이 무엇일지 생각해 보세요. 당신이 상상할 수 있는 한 가장 즐거운 일을 생각해 보세요. 돈이라든지 물리적 제한은 생각지 말고 마음껏 상상의 나래를 펴서 당신이 정말로 원하는 것을 생각해 보세요. 그럼 무엇이 생각나나요? 어디에 가서 누구와 함께 무엇을 하고 싶은가요?"

> 마음껏 상상의 나래를 펴서 당신이 정말로 원하는 것이 무엇인지 생각해 보세요.

가장 즐거운 일이 무엇일지 생각해 보라는 질문에 당신은 어떻게 대답하겠는가? 내 수업을 듣는 학생들은 주로 이런 답변을 들려주었다.

- "그런 생각은 전혀 현실성이 없습니다. 원해도 안 되는 일인데 무엇하러 스스로를 비참하게 만드나요?"
- "그 질문은 성경적이라기보다 자신의 사회적 지위나 성공 여부에 더 초점을 둔 것이 아닌가요?"
- "돈도 없고 몸도 피곤한데 어떻게 즐거운 일을 상상할 수 있겠어요?"
- "기쁨이라는 것은 너무 주관적이에요. 나에게 기쁜 일이 도덕적으로 나쁜 일이거나 주일에 행하기에는 부적절한 일이 될 수도 있지요."
- "그런 걸 생각하면 그냥 우울해지고 뭔가를 더 먹고 싶어요."

위와 같은 대답을 했던 학생들처럼 자신에게 즐거운 일을 상상한다는 것은 두려운 일이거나 때로는 불쾌하기까지 하다. 나는 즐거운 일이 생기는 것은 좋아하지만, 누군가 다른 사람을 위한 것이 아니라면 적극적으로 나 자신을 위해 즐거운 일을 계획하거나 생각하지는 않는다.

그 한 예로 나는 아내의 쉰 번째 생일 잔치를 2년 전부터 구상했다. 옛 친구들을 부르고, 유럽으로 여행을 떠나고, 예전 추억을 되살리는 특별한 시간을 계획했다. 아내는 대학을 마치고 친구들과 함께 여러 나라의 도시에서 생활했는데 당시에 나는 날마다 연애편지를 써서 아내의 마음을 얻는 데 성공했고 결혼 승낙을 받아냈다. 내 구상에다가 다른 사람들의 창의적인 발상까지 덧붙여지면서 아내의 생일 잔치는 방대하고 비용이 많이 드는 잔치로 변모해 갔다. 결국 100명이 넘는 사람들이 우리 계획을 알게 되었고 아내의 기념비적인 생일을 축하하기 위해 생일 파티에 와 주었다. 지금도 그때의 요란했던 과정들을 생각하면 입가에 미소가 감돈다. 하지만 그 모든 노력은 전부 아내를 위한 것이었고 아내에게 기쁨을 선사하기 위한 것이었다.

당신은 예외일지 모르지만 나는 누구나 어느 정도는 즐거움을 누리는 데 어려움을 겪는다고 생각한다. 우리는 쾌락으로의 도피나 휴가를 싫어하지 않는다. 휴가(to vacate)란 비운다는 뜻인데 이는 곧 무언가를 없앤다는 의미이기도 하다. 휴가를 갖거나 휴가를 떠난다는 것은 단지 일손을 놓고 쉰다는 의미가 아니라 세상 걱정을 내려놓고 공간의 여유를 누린다는 뜻이다. 해변에 누워서 선크림을 바르고 귀에는 아이팟을 꽂고 최신 베스트셀러를 읽는 것은 안식이 아니다. 그것은 잠깐 동안 일 대신에 일시적인 쾌락으로 삶을 채우는 것일 뿐이다.

현대판 '휴가'는 어찌 보면 솜사탕 같다. 화사한 색깔의 풍성한 솜털

기쁨을 선사하는 날

은 먹으면 배부를 듯한 착각을 유도하며 우리를 유혹한다. 입 안 가득 그 찐득찐득한 것들을 넣고 씹어 보지만 솜사탕을 먹어 본 사람이라면 누구나 그것이 아무 실속이 없다는 사실을 금방 알아채고 만다. 배가 부르기는커녕 단 1분도 만족을 주지 못한다. 더 먹고 싶다는 욕망만 키워 놓을 뿐 경외감이나 감사를 안겨 주지 못한다. 그것이 소비지상주의와 이기적 자본주의가 작용하는 방식이다. 소비주의라는 정사와 권세는 우리에게 화려한 휴가를 강요한다. 하지만 그것은 진정한 안식일의 쉼이 아니라 더 많은 소비를 갈망하게 만드는 함정일 뿐이다.

발전해 가는 제3세계와 쇠퇴해 가는 서구 사회에게 줄 수 있는 최고의 선물 중 하나는 어쩌면 안식일일지도 모른다. 우리에게는 그저 하루 쉬는 날이 아니라 축제와 즐거움의 날이 필요하다. 안식일은 이 땅에 임해야 할 하나님의 나라가 임하는 것이고 내일을 고대하기보다 지금 이 순간에 축제를 벌이는 것이다. 안식일은 영원을 연습하는 성스러운 희극이며 소설이다. 영원은 그저 미래가 아닌 지금 이 순간의 현실이 된다.

안식일은 일손을 놓고 그냥 쉬는 날이 아니다. 더 열심히 일하기 위해 하루를 쉬며 힘을 비축하는 날도 아니다. 안식일은 단순한 휴식을 넘어서서 하나님의 즐거움을 경험하는 날이다.

안식일에 우리가 해야 할 일은 천지창조 일곱째 날에 하나님이 하셨던 일을 그대로 따라 하는 것이다. 하나님이 엿새간 창조 작업을 하시느라 과로하셨을 리는 만무하다.[1] 사실 치친 몸을 쉬고 재충전을 하고 싶다면 꼭 안식일이 아니라 다른 날을 이용해야 한다. 우리가 기쁨 가운데 안식일로 들어간다면 그 풍성한 복을 다른 여섯 날 위에 쏟아부어 줄 것이다. 그리하여 일이 우상이 되어 반역적인 쾌락에 빠지는 것을 예방해

준다. 안식일은 생명으로 인도하는 즐거움의 날이다.

:: **축제의 안식일**

내가 이 장을 쓴 곳은 에티오피아의 한 고아원이었다. 아디스아바바 외곽에 있는 이 고아원은 집회 장소로도 사용할 수 있게끔 용도를 변경해 놓은 곳이었다. 우리 부부는 젠 마이어스, 론 카루치와 함께 그곳에서 열린 부흥 집회에서 설교를 하고 있던 참이었다. 집회에 참석한 사람들은 에티오피아 현지인 사역자들로, 창녀와 마약 거래를 하는 여인들을 상대로 전도와 구제 사역을 하는 사람들이었다. 집회 이튿날, 가만히 살펴보니 현지인 요리사는 우리 서양인의 입맛을 고려해서 음식을 만들어 내는 것 같았다. 첫날에는 미드볼 스파게티가 나왔고 둘째 날 식탁에는 햄버거가 등장했다. 에티오피아인들은 탄성을 질렀지만 서양인 네 명은 울상이 되었다.

의사소통의 어려움은 주로 문화 차이에서 비롯한다. 우리를 집회에 초청한 주최측에서는 우리가 좋아할 만한 음식을 만들라고 했을 것이고, 요리사는 당연히 우리가 좋아할 거라고 생각하는 요리를 만들었을 것이다. 그러니까 서양인들이 서양 음식을 좋아하고 더 나아가 서양인들은 현지 음식을 먹고 싶어 하지 않으리라는 게 요리사의 생각과 추측이었다.

나는 집회를 주최한 원데 목사에게 가서(그는 영어가 능통했다) 우리가 먹을 음식이 햄버거밖에 없다면 어쩔 수 없이 감사하게 먹겠지만 혹시라도 에티오피아 음식을 먹을 수만 있다면 햄버거값의 두 배, 세 배를 지불하더라도 그것을 먹고 싶다고 이야기했다.

원데 목사는 참 좋은 사람이다. 지난 몇 년간 이런저런 일들을 함께 하면서 나는 그를 친형제처럼 신뢰하게 되었다. 내 말을 들은 원데 목사는 빙그레 웃으며 "그렇게 한 번 노력해 보죠"라고 대꾸했다.

잠시 후, 그는 나를 부르더니 요리사 앞에서 이렇게 말했다. "이 요리사에게 직접 말씀하셔야겠습니다. 제 말을 도무지 믿으려 하지 않는군요." 나는 요리사를 쳐다보며 자초지종을 설명했다. "뭐가 잘못되었다는 게 아니구요. 그저 우리가 에티오피아 음식을 먹을 수 있다면 좋겠다고 말씀드린 것뿐입니다. 특히 그 '인제라'(곡류로 만든 얇은 빵. 소스나 야채볶음 등을 싸서 먹는다-역주)를 먹을 수 있다면 다시없는 영광으로 생각하겠습니다." 요리사는 여전히 믿기지 않는다는 표정으로 떨떠름한 웃음을 지었지만, 내심 좋아하는 표정이 역력했다. 요리사는 옆에 서 있는 원데 목사에게 현지어로 "그럼 오늘 저녁에는 우리 식대로 저녁식사를 준비해도 되나요?"라고 물었고 원데 목사는 그 말을 내게 영어로 통역해 주었다. 나는 내가 아는 유일한 현지어 "퀸조!"를 외쳤다. 그 말은 훌륭하다는 뜻이면서 맛있다는 뜻도 된다. 저녁식사 시간이 되자 우리는 요리사까지 합석시켜서 다 함께 본격적인 만찬을 나누었다. 모든 이의 얼굴에 함박웃음이 귀까지 걸려 있었다. 별 다섯 개짜리 호텔에서 아무리 성대한 만찬을 먹는다고 해도 혼자 먹거나, 말없이 먹거나, 어색한 분위기에서 먹는다면 진정한 만찬이 될 수 없을 것이다. 만찬을 온전히 즐기기 위해서는 다른 사람들과 함께 먹어야 하고 하나님의 창조와 구속의 풍성한 다양함을 만끽하며 먹어야 한다.

잔치는 사람들과 함께 듣고 배우는 리듬이다. 음식과 음악과 춤과 이야기가 어우러진 의식이며 기억의 시간이다. 우리는 에덴동산에서 하나님과 함께 먹고 마셨던 순간을 기억하고 언젠가 새 하늘과 새 땅에서 다시 한 번 하나님과 함께 먹고 마실 그날을 고대한다.[2]

안식일은 24시간으로 포장 된 기억과 기대의 향연이다. 안식일 동안 하나님은 우리를 초대하셔서 그분과 함께 기뻐하도록 하신다. 안식일은 마치 하나님과 함께 프렌치 카페에 앉아서 에스프레소를 마시며 시몬 드 보부아르(Simone de Beauvoir)를 논하고 멋진 재즈음악을 듣는 것과 같다. 혹시 당신에게 그것이 고역처럼 느껴진다면, 안식일은 마치 시골에서 송아지 품평회를 하고 난 후에 돼지고기를 구워먹는 것과 같다고 하겠다. 한낮의 후텁지근함이 가시고 시원한 저녁 바람이 솔솔 불어올 때 평가한 송아지들의 점수를 비교하며 올해에는 누구에게 푸른 리본(최고상-역주)이 돌아갈지를 결정하는 시간. 한쪽에서는 악기들이 흥겨운 가락을 연주하고 맛있는 음식과 술과 음악과 대화가 무르익는다. 이렇게 우리는 에덴동산에서 하나님과 함께 누리던 즐거운 날을 기억하는 것이다.

> 24시간 동안 오로지 나만을 기쁘게 하는 일을 해 보라면 나는 무엇을 할 것인가?

안식일은 에덴동산을 다시 창조하고 새 하늘과 새 땅에서 누릴 놀이를 미리 맛보는 날이다.

이 책에서는 고대의 뿌리에서부터 현재의 모습까지 안식일의 어제와 오늘을 살펴보면서 시간, 놀이, 잔치, 기쁨에 관한 신학을 재조명해 보려고 한다. 독자들에게 생소한 면이 있을지 모르겠으나 최소한 실험정신에서라도 안식일을 지켜 보겠다는 결심을 하지 않는다면 이 책은 한낱 무용지물에 그치고 말 것이다. 안식일에 대한 책을 읽고 실제로 안식일

기쁨을 선사하는 날

29

을 거룩하게 지키지 않는 것은, 별 다섯 개짜리 호텔에서 최고급 요리를 주문해 놓고 휴대전화로 통화하느라 음식은 손도 대지 못하는 사람과 다를 바가 없다. 처음부터 이 책의 효용가치를 높이고 싶다면 다음과 같은 간단한 질문을 해 보기 바란다. '24시간 동안 오로지 나만을 기쁘게 하는 일을 해 보라면 나는 무엇을 할 것인가?'

독자들은 이 책의 한 장 한 장을 넘기면서 다음 사항들을 숙고해 보기 바란다.

- 나는 언제 어디에서 즐거움을 맛보았는가?
- 왜 나는 자꾸만 즐거움에서 도망치려 하고 그 맛을 잃어버리는가?
- 나를 진정한 즐거움에서 멀어지게 하는 가짜는 무엇인가?
- 어떻게 하면 하나님의 선하심을 맛보며 발견할 수 있을까?

자, 그럼 이제부터 안식의 축제를 시작해 보자!

1장
잃어버린 안식일

몇 해 전 안식년을 맞이하여 6개월간 쉴 수 있는 기회가 생겼다. 안식일이 하나님의 기쁨을 맛보는 날임을 본격적으로 깨닫게 된 것은 바로 그때부터였다. 당시 내가 얼마나 부실하게 안식일을 지키는지(마치 잡초만 무성한 정원처럼) 잘 알고 있던 친구는 내게 이런 말을 했다. "이봐, 하나님은 보통 작은 일에 충성하는지를 보시고 큰일을 맡기시는 법인데 자네의 경우에는 어떻게 일을 거꾸로 하시는 것 같구먼."

그 말은 시기적절하고도 예리한 지적이었다. 매주 오는 안식일도 제대로 못 지키는 주제에 어떻게 6개월이라는 긴 시간을 제대로 보낼 수 있겠는가?

> 매주 오는 안식일도 제대로 못 지키는 주제에 어떻게 6개월이라는 긴 시간을 제대로 보낼 수 있겠는가?

막내아들이 3개월간 대학을 휴학하고 뉴질랜드로 떠난 지 일주일 만에 우리 부부도 짐을 꾸려서 집을 나섰다. 우리는(사실은 내가) 오토바이를 사서 이 세상에서 가장 아름다운 시골 마을에 들어가 3개월 동안 낚시를 하며 한가롭게 지낼 계획이었다.

그런데 도착 첫날부터 날마다 비가 내렸다. 닷새가 지나서야 겨우 비가 그쳤다. 그러자 이번에는 사나운 바람이 인정사정없이 몰아쳤고 악천후를 견디다 못한 우리는(사실은 아내가) 오토바이를 팔고 다른 곳으로 가서 3개월을 보내기로 결정했다. 우리는 체코 프라하에 가기로 하고 성탄절을 아이들과 함께 보내기 위해 잠시 시애틀로 돌아왔다. 남은 안식년에 대비해서 밀린 빨래도 할 겸 집으로 돌아온 것이다.

그런데 집에 와 있는 동안 우리의 애완견 매기가 암에 걸린 사실을 알게 되었다. 새해 첫날에는 아내가 피부암에 걸렸다는 진단을 받았다. 게다가 떠나기로 예정한 날을 두 주 앞두고는 장모님이 선천성 심장병으로 병원에 입원하셨다는 연락을 받았다.

결국 안식년 3개월은 무기한 중단되었다. 그동안 즐거운 시간을 보내기는 했지만 그렇다고 해서 충분히 쉬거나 생각을 할 수 있었던 것은 아니었다. 나머지 3개월 동안에는 책도 읽고, 놀고, 생각도 하고, 기차를 타고서 유럽 여행을 할 계획이었다. 편안하게 쉬면서 느긋이 여유를 즐기는 바야흐로 진짜 휴가를 고대하고 있었던 것이다. 그런데 시작도 하기 전에 끝날 것만 같은 사태가 벌어지고 말았다.

우리는 동물병원에 가서 매기를 안락사시켰고 아내는 수술을 받았다. 그리고 며칠 후에는 비행기를 타고 장모님 댁으로 갔다. 일주일간 장모님 댁에 있어 보니 우리가 있는 게 다른 식구들에게 도움은 되었지만 장모님의 간호를 위해서라면 우리가 굳이 그곳에 있어야 할 이유는 없어 보였다. 그곳 식구들은 우리에게 계획대로 프라하에 가라고 권했다.

난처한 상황이기는 했지만 우리는 결국 계획을 실행에 옮기기로 했다. 어느 때고 다시 돌아와야 할지 모른다는 점은 미리 각오를 하고 있었다. 불확실성과 갈등을 직면하면서도 떠나기로 선택하는 것, 그것이 바로 안식일과 관련된 가장 큰 싸움이다.

사실 우리가 기쁨의 안식일을 지키지 못하는 가장 큰 이유는 일주일 내내 우리 발목을 붙잡고 있는 불화와 결핍과 절망에 맞서야 하기 때문이다. 안식일에 관한 훌륭한 책들을 펼쳐 보면 첫 장을 넘기는 순간부터 한 가지 사실이 전제되어 있다. 우리는 모두 지치고 피곤하고 고갈되었다는 것이다. 인간은 안식일에 휴식하면서 재충전을 받아야 하는 존재로 창조되었다. 그렇게 하지 못하는 인간은 위험에 처하게 된다.

일주일에 한 번 안식일만 제대로 보내도 우리 삶은 훨씬 균형 잡히고 활기를 띠게 될 것이다. 어떤 책들은 하나님이 안식일을 정하신 이유가 우리의 건전지를 재충전해서 일주일간 활기차게 일하게 하시려는 의도라고 이야기한다. 그러나 우리는 속도에 중독되어 만성적으로 분주하게 살거나, 쉬라는 하나님의 자비로운 권고가 있는 것조차 모르고 있다. 둘 다 십계명의 네 번째 계명에 그다지 주의를 기울이지 않는 것이다. 왜 우리는 하나님의 십계명 중 하나를 의도적으로 불순종하는 것일까?

:: 왜 우리는 안식일을 지키지 않을까?

마스힐 신학대학원에서 이 책의 집필을 준비하는 동안 나는 학생들에게 설문지를 주고 안식일을 어떻게 보내는지를 알려 달라고 부탁했다. 내가 설문 조사를 통해 알게 된 사실은 하나도 새삼스러울 것이 없었다. 학생들의 대답은 이미 내가 알고 있던 사실들의 메아리에 지나지 않았다.

설문지에 응답한 학생 중에서 안식일을 지킨다고 대답한 학생은 겨우 네 명에 불과했다. 그 네 학생은 다양한 방식으로 안식일을 지키고 있었지만 일주일에 한 번, 보통 일요일을(교회에서 사역하는 이들을 제외하고) 안식일로 지켰다. 쉰여섯 명 중에서 90퍼센트의 학생들은 안식일을 단순히 '교회 가는 날'로만 인식하고 있었다. 안식일은 온갖 하지 말아야 할 것을 규정한 금지의 날이고 오로지 신앙과 관련된 경건한 일만을 해야 한다는 개념을 갖고 있는 학생이 70퍼센트에 달했다.

설문 중에는 "만일 당신이 안식일을 지키지 않고 있다면 무엇 때문에 지키지 못한다고 생각하는가?"라는 질문이 있었는데 가장 많은 대답은 역시 "너무 바빠서"였다. 안식일을 지키게 되면 일하고 공부하고 친구들과 어울리고 자유롭게 노는 시간을 빼앗긴다는 것이었다. 한 학생은 설문지에 이런 말을 덧붙였다. "저도 숨을 돌리고 쉬어야 한다는 것은 알고 있어요. 하지만 일요일만 되면 항상 일이 생기고 지난주에 끝내지 못한 일들도 그날 해치우고 싶은 마음이 들어요." 안식일은 쉬는 날이고 휴식하도록 정해진 날임을 모르는 사람은 거의 없다. 하지만 쉬어야 할 필요가 절실한 만큼 다음 주를 순조롭게 시작하기 위해 미처 끝내지 못한 일을 매듭지어야 한다는 생각도 절실하다.

미국인들은 자부심이 강하고 산만하고 두려움이 많은 사람들이다. 그중에서도 특히 두려움이 많다.

자만

얼마 전 시애틀로 가는 배 안에서 한 남자가 친구와 인사하는 모습을 보게 되었다. "잘 있었나, 빌?" 그러자 빌이라는 친구는 이렇게 대꾸했다. "응. 그동안 너무 바빠서 한 달 동안 늪지대가 된 정원도 손질하지를 못했네." 그 말을 들은 친구 역시 "그 심정 이해하네. 나 역시 오늘 아침 10시도 되기 전에 벌써 100통이 넘는 이메일을 받았거든" 하고 대답하는 것이었다. 일이 많다고 자랑하는 것은 국가적 질병이다. 어떤 악조건에서도 무조건 열심히 일하는 사람, 맨손으로 자수성가한 사람이 영웅이 되는 세상이다. 우리는 엄청난 책임감을 어깨에 걸머지고서 최고가 되기 위해 죽을힘을 다해 매진한다. 안식일은 달리는 말에서 내려와야 하는 날이기 때문에 그 이유 하나만으로도 말에서 내려오고 싶어 하는 사람이 많지 않다.

권력과 힘을 손에 넣으려 하고 그 권력을 내 마음대로 사용할 수 있는 것이라고 생각하는 한 교만은 더 깊이 퍼져 나간다. 일에 대한 끝없는 욕심, 헤라클레스처럼 온갖 일을 도맡으려는 욕심의 이면에는 어두운 그림자가 드리우고 있다. 자만심에 차 있고 일에 중독되어 있는 사람은 시시포스의 운명을 속일 수 있다고 믿는다. 그리스 신화에 나오는 시시포스는 지옥에서 돌을 굴려 산 위로 올려놓아야 하는 벌을 받았다. 그러나 힘들여 돌을 산꼭대기로 올려놓으면 그 돌은 다시 산 밑으로 굴러떨어졌고 그는 또다시 그 돌을 산 위로 올려놓는 일을 영원히 되풀이해야만 했다.

일중독자들은 자신이야말로 운명을 거슬러 남들이 이루지 못한 일을 성취할 수 있다고 생각한다. 그래서 마침내 산 정상에 올라 꿈을 이룬 뒤에는 그곳에서 내려오지 않으려고 안간힘을 쓴다. 다른 중독과 마찬가지로 교만은 우리를 더 깊은 속박의 수렁에 빠지게 하고 자신의 문제를 올바로 직면하지 못하게 한다.

산만함

미국인들은 온갖 일에 정신이 팔려 있다. 마치 어린아이가 서커스 구경을 하듯이 우리는 너무 많은 드라마에 둘러싸여 있다. 모든 일이 한꺼번에 집중을 요구할 때 우리는 과연 무엇을 선택해야 하는가? 한 광대에게만 정신을 집중하다가 서커스장에서 벌어지는 다른 구경거리들을 놓칠까 봐 전전긍긍한다. 그러다 보면 결국 제대로 보는 것은 하나도 없게 된다. 모든 것을 다 보려고 애쓰느라 우리 감각이 한계에 도달하기 때문이다.

안식일 문제에서도 산만함은 그대로 나타난다. 일요일 오후에 대학 친구로부터 전화가 걸려온다. 월요일까지 제출해야 하는 리포트가 있는데 자료 조사가 필요하다는 걸 오늘 아침에야 알게 되었으니 빨리 도와달라는 것이다. '하지만 그건 일인데…. 그래도 친구 사이에 안 도와줄 수도 없고…. 어차피 오늘은 일요일이니까, 뭐.'

그렇지 않다면 아이들이 예배 후에 이웃집에 놀러 가자고 조를 것이고, 근처 상점에서 대폭 할인판매가 있으니 함께 가자고 아내가 사정을 할 것이고, 흥미진진한 운동경기가 오후 1시에 있어 잠시 머리를 식힐 겸 몇 시간만 텔레비전을 보고 싶을 것이다. 좋아하는 운동경기도 못 보고, 할인 기회도 놓치고, 대학 친구도 못 도와주고, 아이들을 이웃집에 데려다주지도 못할 정도로 철저하게 안식일을 엄수해야 할 이유가 있을까? 대부분의 사람들이 그럴 만한 이유를 찾지 못한다. 물론 안식일에 해야 할 일을 엄격하게 정해 놓은 사람들은 예외가 되겠지만 말이다.

산만함의 반대는 고지식함이다. 고지식함은 '허영의 시장'(「천로역정」에 나오는 시장으로 사람들이 허영을 팔고 있는 장소를 말한다―역주)과 같아서 굳은 결단이 있어야만 통제가 가능하다고 말한다. 그래서 안식일에는 절대 물건을 사지 않거나 운전을 하지 않는(교회 갈 때만 제외) 등의 엄격한 규정을 정한다(안식일에 돈을 주고 사고파는 것은 안 되지만 교회를 오고갈 때만은 자가용을 몰고 다녀 매연으로 지구를 오염시켜도 괜찮다고 생각한다). 고지식한 사람들은 '의롭고 도덕적인가'보다는 '상식적이고 편리한가'의 기준에 따라 규정들을 만들어 내고 그것을 어기는 사람이 있으면 자기보다 신앙심이 돈독하지 못하다고 생각한다.

안식일이 교회 가는 날로 인식된 데에는 물론 그만한 이유가 있다. 그리스도인들은 교회에 가는 것으로 네 번째 계명을 준수했다고 생각한다. 일단 주일 예배를 드리고 나면 나머지 시간은 모두 내 시간이고 가족과 보내는 시간, 쉬는 시간, 기도 시간, 성경 읽는 시간, 약간의 노는 시간 등이 있으면 안식일을 매우 잘 보낸 것으로 생각한다(최악의 경우에는 집안일을 할 수도 있다).

과연 교회에서 예배드리는 것이 안식일에 해야 할 의무일까? 물론 그것은 우리가 어느날을 안식일로 정하고 언제 교회에 가느냐에 달려 있다고 할 수 있다. 교회에서 예배드리는 것과 안식일을 지키는 것은 중복될 수도 있고 그렇지 않을 수도 있다. 성도들의 모임에 참석해서 정기적으로 주의 성찬을 나누는 것, 성도들과 함께 지혜와 믿음이 자라나는 것, 심령과 육신이 가난한 자들을 도와주는 것은 모두 하나님이 기뻐하시는 일이다. 그와 더불어 안식일을 지키는 것 역시 하나님이 기뻐하시는 일이다. 만일 교회에서 예배를 드리는 날과 안식일이 겹친다면 교회에서 예배를 드리는 일이 그 사람에게 엄청난 기쁨과 즐거움이 되어야 한다.

그러나 주일 예배를 즐거움이라는 잣대로 평가했을 때, 교회 예배가 무한한 즐거움이라고 말하는 사람이 과연 몇이나 될까? 그보다는 '내가 해야 할 의무'라고 말하는 사람들이 훨씬 더 많지 않을까? 사람들이 온갖 다양한 이유와 구실을 붙여 교회에 나가지 않는 것처럼 사람들이 교회에 나가는 데에도 온갖 피치 못할(?) 이유들이 있는 법이다. 그래도 어쨌든 우리는 우리와 친하고 우리를 아껴 주는 성도들과 함께 주의 성찬과 성경 말씀과 고통과 기쁨을 함께 나누며 예배드리는 것에서 즐거움을 누리도록 지어졌다.

언젠가 한 친구에게 안식일을 어떻게 보내느냐고 물어본 적이 있다. 그는 착실하게 교회에 출석하고 예수님 중심으로 살기 원하는 그리스도인이다. 그는 자신이 안식일에 하는 일들을 조목조목 적어서 다음과 같은 이메일 답신을 보내 주었다.

- 맛있는 커피, 아침 식사, 이메일 점검, 신문 읽기
- 주일학교 봉사, 주일 예배 참석, 주차장에서 수다 떨기
- 패스트푸드 점심식사, 아이들 친구네 집에 데려다주기, 장보기
- 축구 경기, 이메일 점검, 전화 통화
- 낮잠 자기
- 아내와 산책하기, 이웃들과 이야기하기
- 남은 음식으로 저녁 먹기
- 뉴스와 "식스티 미니츠"(60 Minutes) 시청하기
- 월요일 일정 짜기
- 일찍 잠자리에 들기

내가 다시 그에게 안식일을 잘 보낸다고 생각하느냐고 물어보자 그는 지금껏 매우 좋았다고 대답했다. 기도 시간과 자녀들과의 대화 시간이 좀더 많았으면 좋겠지만 어차피 모든 걸 다 할 수는 없지 않겠냐고 대꾸했다.

내 친구가 안식일이라고 부르는 날은 단순히 직장의 고된 일과 주중의 반복적인 일상에서 떠나는 날이었다. 그렇다고 안 좋은 날도 아니었고 시간을 잘못 사용하는 것도 아니었다. 그저 평소보다는 여유 있고 기분 좋은 날일 뿐이었다. 제대로 안식일을 보낸다고 해도 내 친구가 했던 일들이 그대로 포함될 가능성이 크다. 하지만 내 친구의 안식일은 그저 휴일이지 안식일은 아니었다. 그렇다면 대체 그 차이는 무엇일까?

내 친구의 안식일은 그저 일을 쉬는 것에 지나지 않았다. 유진 피터슨(Eugene Peterson)은 그런 안식일을 '모조 안식일'이라고 불렀다.¹⁾ 미국인들의 주말은 하나님의 영광이 빠진 세속적인 안식일이다. 그럼 정말로 우리는 너무 바빠서 안식일을 누리지 못하는 것일까? 언뜻 보기에는 그것이 안식일을 지키지 못하는 가장 흔한 이유처럼 보인다. 하지만 단순히 바빠서 안식일을 지키지 못하는 것은 아니다.

두려움

단순히 바빠서 안식일을 지키지 못하는 게 아니다. 사실은 두려움 때문에 안식일을 지키지 못한다. 설문지에서 "안식일을 지키지 못하는 이유는 무엇인가?"라는 질문에 60명 중 두 학생만이 "안식일은 하루 종일 즐거운 날이 되어야 한다는데 사실 저는 무엇을 해야 할지 모르겠어요"라고 답했다. 그중 한 학생은 "저는 노는 것보다 일하는 게 더 편해서 안식일이 부담스러워요. 무엇을 해야 기쁜지 모르겠어요"라고 말했다. 솔직히 말해서 우리는 기뻐하기를 두려워한다. 그러나 즐거움으로 그날 하루를 축복하기 원하시는 하나님을 환영하며 모시는 날이 안식일이다.

많은 사람들이 즐거움을 어색하고 두려운 것으로 여긴다. 기쁨이란 산더미같이 쌓인 일거리와 너무도 어울리지 않는 말이다. 녹초가 되어 텔레비전 앞에 앉아 있고, 컴퓨터로 이메일을 열어 보고, 뉴스에서 학자들의 논쟁을 구경하는 것이 오히려 더 편하고 쉬워 보인다.

> 많은 사람들이 즐거움을 어색하고 두려운 것으로 여긴다.

우리는 자신에게 즐거움을 주는 일을 하고 있는가, 아니면 어쩔 수 없이 먹고 살기 위해 해야 할 일을 하고 있는가? 길 가는 사람들을 붙잡고 "당신은 기쁘게 살고 계십니까?"라고 묻는다면 대부분의 사람들이 어떤 반응을 보일까? 아마 어리둥절해하거나 당혹스런 표정을 지을 것이다.

즐거움은 슬픔의 반대말이다. 부모의 죽음에서부터 자동차 휘발유값 인상까지 우리네 인생살이에는 불안하고 고통스러운 요소가 너무도 많다. 무엇이 나를 즐겁게 하는지를 생각하기 전에 내가 지고 가야 할 막중한 책임과 이루지 못한 꿈의 무게가 삶을 짓누르기 시작한다. 허황된 꿈을 꾸기보다는 차라리 발등의 불부터 끄는 게 상책으로 보인다. 지금껏 살면서 하나님께 여러 번 실망했고 그 실망감을 극복하는 법도 배웠으니 이제 또다시 즐거움의 욕구에 유혹을 받고 싶지 않은 것이다.

지금 이 시대는 그 어느 때보다 절실하게 안식일을 필요로 한다. 단순히 우리가 바쁘고 힘들고 지쳐서만은 아니다. 물론 그것도 사실이지만 우리가 안식일만 제대로 지켰어도 지금보다는 삶이 훨씬 더 수월했을 것이다. 그런 필요성에도 불구하고 사람들은 미동도 하지 않을 뿐 아니라 안식일을 심각하게 재고할 의향조차 없어 보인다. 나는 휴식을 강조하는 안식일 관련 책들에 십분 공감하면서도 그 책들이 좀더 본질적인 문제를 파고들지 못한 점에 아쉬움을 느낀다.

일이 우리에게 능력과 자부심을 가져다주기에 우리는 일에 매달린다. 그러나 즐거움에 대한 더 깊은 갈망에는 둔감해진다.

사람들은 노는 것보다 일하는 것을 더 편하게 여긴다. 또한 기쁨보다 어려움을 다루는 데 더 능숙하다. 어떤 문제에 봉착하면 우리는 얼른 그 문제를 해결하려 하거나 외면하려 든다. 우리는 자신의 능력과 수단을 총동원해서 문제를 해결할 수 있다. 하지만 기쁨에 대해서는 어떠한가? 우리는 그저 기쁨을 받을 줄만 안다. 기쁨의 햇볕이 비치면 그 볕을 쪼이다가 때가 되어 기쁨이 떠나면 그것으로 그만이다. 기쁨은 우리를 행복하고 생기 있게 하지만 우리 힘으로는 기쁨을 붙잡거나 통제할 수 없을 것이라고 생각한다.

기쁨은 슬픔보다 가볍고 우리 손아귀에서 모래알처럼, 물처럼 빠져나간다.[2] 슬픔은 집요하게 따라붙는 130킬로그램짜리 멧돼지같이 우리 안에 자리잡는다. 하나는 우리에게 행동을 요구하고 다른 하나는 은혜를 요구한다. 자, 다음 중 어떤 것이 쉽겠는가? 스스로의 노력과 의로움으로 자신의 구원을 이루는 것과 전혀 받을 자격이 없는 구원을 값없이 겸허하게 받아들이는 것, 과연 어떤 것이 더 쉬울까?

인간이 안식일을 위해 만들어진 것이 아니라 안식일이 인간을 위해 만들어졌다. 여자와 남자, 노예와 자유인, 유대인과 이방인, 믿는 자와 믿지 않는 자, 동물과 자연 등 모든 하나님의 창조물을 위해 안식일이 만들어졌다."⁹ 안식일은 단순히 일하지 않는 날이 아니다. 일손을 내려놓고서 '안식'이라 부르는 완전히 다른 세계로 들어서는 날이다.

:: 안식일의 휴식

안식일 문제는 어떤 면에서 **안식**이라는 단어를 어떻게 해석하느냐의 문제로 귀착된다. 하나님은 일곱째 날에 안식하셨다. 우리도 하나님과 똑같은 근거에서 안식해야 한다. 성경은 이렇게 말한다. "천지와 만물이 다 이루어지니라. 하나님이 그가 하시던 일을 일곱째 날에 마치시니 그가 하시던 모든 일을 그치고 일곱째 날에 안식하시니라. 하나님이 그 일곱째 날을 복되게 하사 거룩하게 하셨으니 이는 하나님이 그 창조하시며 만드시던 모든 일을 마치시고 그날에 안식하셨음이니라"(창 2:1-3).

이 구절의 핵심은 의문의 여지없이 '안식'이라는 단어다. 하나님은 천지를 창조하신 지 일곱째 되는 날에 안식하셨다. 하지만 창조하는 일 때문에 피곤해서 쉬신 것은 분명 아닐 것이다. 그런 면에서 **안식**은 그 자체로 어떤 의미를 지니고 있다고 봐야 한다. 하나님이 다음 일거리를 궁리하면서 한가롭게 모닥불 가를 거닐지는 않으셨을 것이다.

더 나아가 안식이 행위의 멈춤을 의미한다고 보기도 어렵다. 창세기에 보면 하나님은 엿새째 되는 날에 천지창조를 마치신 것으로 되어 있다. 하지만 바로 다음에 이어지는 구절이 흥미롭다. "하나님이 그가 하시던 일을 일곱째 날에 마치시니 그가 하시던 모든 일을 그치고 일곱째 날에 안식하시니라…." 하나님은 대체 언제 천지창조를 끝마치신 것일까? 여섯째 날인가, 일곱째 날인가? 만일 일곱째 날이 맞다면 하나님이 마무리 지으신 일은 천지창조의 일부분이 아니라 완성된 제품을 포장지로 싸는 일이 아니었을까?

유대인 주석가들은 일곱째 날에 '메누하'(menuba)를 창조하셨을 것이라고 말한다. 메누하란 '쉼'을 뜻하는 히브리어지만 더 정확하게는 '즐거운 휴식', '평온함', '기쁨'으로 해석할 수 있다. "성경적 의미로 메누하는 행복과 고요함, 평화와 조화를 뜻한다고 할 수 있다.…싸움과 다툼이 없는 상태, 두려움과 불신이 없는 상태를 말한다."[4]

하나님은 낮잠이나 숨을 돌리기 위해 휴식을 취한 것이 아니라 자신이 창조한 피조물을 기뻐하고 자축하셨다. 즉 하나님은 자신이 창조한 피조물을 기쁘게 누리셨을 뿐 아니라 그 피조물을 창조주와 분리된 존재로, 그러나 또한 하나로 연합될 수 있는 자유를 가진 존재로 지으셨다.

> 하나님은 자신이 창조한 피조물을 기쁘게 누리셨을 뿐 아니라 그 피조물을 창조주와 분리된 존재로, 그러나 또한 하나로 연합될 수 있는 자유를 가진 존재로 지으셨다.

일곱째 날에 취하신 하나님의 쉼은 많은 면에서 출산 과정을 닮았다고 할 수 있다. 아이가 태어나면 출산은 끝이 나지만 부모와의 유대감은 그때부터 형성되기 시작한다. 엄마와 아빠는 갓 태어난 아기가 신기해서 눈을 떼지 못한다. 아기가 엄마 몸 밖으로 나오면 이제 그는 하나의 독립된 존재이며 더 이상 상상 속의 존재나 자궁 깊숙이 자리잡은 태아가 아니다. 엄마와 분리된 아기는 이제 부모의 팔에 안겨 있다. 부모와 아기의 신체 접촉은 유대감을 형성한다. 정상적으로 유대감이 형성되면 그들의 관계는 어두울 때나 밝을 때, 슬플 때나 기쁠 때에 끊이지 않고 지속될 뿐 아니라 아기에게 깊은 안정감을 주게 된다.[5]

그와 마찬가지로 하나님도 자신이 창조한 만물을 바라보시며 "정말 좋구나!"를 연발하셨을 것이다. 일곱째 날에 하나님이 무엇을 하셨고 무엇을 하지 않으셨는지는 정확하게 알 수 없다. 하지만 그날이 끝날 때까지 하나님의 응시는 계속되었을 것이고 그분의 기쁨은 사그라지지 않았으리라 충분히 짐작할 수 있다. 오히려 자신이 창조한 천하 만물을 바라보며 좋다고 감탄하시는 하나님의 무한한 기쁨이 시간이 갈수록 커지고 증폭되었을 것이다.

그러니 우리에게는 안식일이 두려울 수밖에 없다. 하루 종일 그런 감탄과 즐거움과 기쁨 속에서 안식일을 보내라니, 그게 어디 가능할 법한 말인가! 가능하리라고 믿기조차 힘들 지경이다. 안식일이 하나님과 함께 놀고 즐기는 날이라는 생각은 하기조차 부담스럽다. 우리는 기쁨과 자유를 간절하게 원하면서도 막상 기쁨과 자유가 생기면 넙죽 받아서 누리기를 상당히 거북해한다. 우리가 받은 기쁨과 자유가 언제까지 지속될지 몰라 불안하기 때문이다. 그래서 기쁨을 누리기보다는 차라리 슬픔을 붙들고 사는 게 더 속이 편한지도 모른다.

안식일의 기쁨도 잠시, 다음 한 주가 시작되면 그 기쁨을 모두 놓아 보내야 한다. 그것이 우리를 가장 서럽고 허탈하게 만드는 것이다. 엿새 동안은 비지땀을 흘리며 저주받은 세상에서 씨름해야 하고, 인간들끼리의 거래 속에서 몸을 더럽혀야 하고, 밝아오는 새벽의 화사한 날갯짓을 갈망하며 살아야 한다. 다음 날이 안식일이 아닌 이상 하루하루는 그 전날 했던 일의 반복일 뿐이다. 그렇기 때문에 안식일이야말로 일주일의 여왕이다. 반목과 결핍과 죽음을 한쪽으로 밀어놓고 하나님과의 연합을 만끽하며 그분의 풍성한 사랑과 도래하는 하나님 나라의 소망을 즐거워하는 날이다. 안식일은 거룩한 드라마이며 연극 무대에서 약속이 성취되는 날이다. 그 무대에서 우리는 하나님의 영광을 위해 우리가 쓴 시나리오대로 우리가 가장 하고 싶었던 역을 마음껏 공연한다.

나는 이와 같은 안식일의 밑그림을 몇몇 학생에게 이야기해 주었다. 그때 학생들이 보인 반응은 놀라움과 당혹감이었다. 한 학생은 자못 심각한 표정으로 이렇게 말했다. "교수님의 말씀은 제가 안식일에 대해 알고 있던 모든 지식을 혼란스럽게 만드네요. 만일 그 말씀이 사실이라면 왜 우리는 좀더 기대감을 갖고 살지 못하는 걸까요?" 그러자 또 한 학생이 재빨리 그의 말을 받았다. "저는 좀 헛갈려요. 만일 그런 식의 기쁨을 나와 다른 사람들이 누려야 한다면 단 하루의 안식일도 어떻게 지내야 할지 모르겠어요. 어떻게 1년에 50일을, 그것도 해마다 그런 식으로 안식일을 보낼 수 있겠어요? 불가능할 것 같아요." 그때 한 학생이 조용히 입을 열었다. "하나님이 나 같은 사람을 위해서 그런 은혜를 베푸신다는 자체도 저는 상상을 못하겠어요. 물론 그것이 은혜라는 사실은 알지만 일주일에 한 번씩 그런 은혜를 체험할 수 있다는 생각은 한 번도 해본 적이 없어요." 안식일이 모든 피조물에게 하나님의 은혜를 나누어 주는 날임을 아는 사람은 결코 많지 않을 것이다.

:: **하나님의 계획을 새로운 시각으로 바라보다**

안식년으로 받은 6개월 중에서 남은 3개월을 맞이하긴 했지만 우리 부부는 그것을 안식년, 즉 기쁨의 선물을 누리는 기간이라고 인정하기가 힘들었다. 프라하에 가서 휴식과 독서와 묵상과 놀이를 하기 위해 우리는 아픈 장모님을 처갓집 식구들에게 맡기고 떠나야만 했다. 처갓집 식구들이 "가지 마세요. 두 사람 없이 우리 힘만으로는 안되겠어요"라고 말했다면 차라리 더 마음이 편했을 것이다. 프라하로 가는 것은 일곱째 날의 세계로 가기 위해 엿새째 날의 세계를 떠나는 것이었다. 말하자면 일주일의 마지막 날과 다음 주의 첫째 날 사이에 명확한 선을 긋고서 일곱째 날을 거룩하게 만드는 것이었다. 우리가 프라하에 가서 쉬는 특권을 누리기 위해서는 다른 사람이 우리를 대신해서 일해 주어야만 했다. 사람들이 안식일을 계속해서 지키지 못하는 이유는 그날이 심오한 희생을 맛보는 날이기 때문이다.[6]

 심각한 위기 상황에서 어떻게 기쁨을 만끽할 수 있을까? 힘들고 괴롭고 피곤한 와중에 어떻게 기쁨을 누릴 수 있을까? 한 주간의 고생과 괴로움은 지나갔지만 다음 주간의 일들이 어깨를 무겁게 짓누를 때 어떻게 안식일을 제대로 지킬 수 있을까?

 우리가 싸우는 싸움은 피로나 일에 대한 강박관념이 아니다. 그런 것들도 연관이 있기는 하지만 그것은 더 근본적인 싸움의 결과일 뿐이다. 우리의 싸움은 하나님이 정말로 우리가 그 같은 기쁨과 즐거움을 누리기 원하시는지를 믿어야 할지 말아야 할지에 대한 싸움이다. 일에 대한 집착과 미련을 버리지 못하는 사람은 로키 산맥의 겨울 절경이 황홀하게 펼쳐진 창밖을 외면하고 그저 승무원들이 나눠 주는 조그만 땅콩 봉지에만 눈독을 들이고 있는 비행기의 탑승객과 같다.

 안식일을 기쁨 가운데 제대로 보낼 수 있는 유일한 길은 안식일에 대한 하나님의 계획을 전혀 새로운 시각으로 바라보는 것이다. 이 책에서는 안식일을 하나님의 재창조적이고 구속적인 사랑을 누릴 수 있는 축제의 장으로서 살펴보려고 한다. 그 축제에는 네 가지 중요한 요소가 개입된다.

- 감각적인 영광
- 리듬 있는 반복
- 화해의 축제
- 즐거운 놀이

우리의 과제는, 당신 자신과 가족과 지역 사회가 기쁨의 안식일을 보낼 수 있도록 최고의 무대와 최고의 시나리오를 준비해서 그 속에 당신이 합당한 등장 인물들을 그려 넣고 적절한 줄거리를 쓰게 도와주는 일이다.

1부

안식일의 기둥

2장 감각적인 영광
3장 성스러운 시간
4장 축제의 한마당
5장 거룩한 놀이

2장
감각적인 영광

우리 집 현관문을 열고 집 안으로 들어오면 가장 먼저 좁은 통로를 따라 양쪽 벽에 가지런히 장식되어 있는 물건들이 눈에 들어온다. 우리 가족이 갤러리 벽이라고 부르는 그곳에는 아내가 만든 십자수 액자가 걸려 있고 골동품 장식장이 하나 놓여 있다.

현재 그 벽에는 큰딸의 결혼식 사진을 비롯해서 커피 주전자, 콥틱교회의 십자가, 최근 에티오피아 여행에서 사 온 성화상, 촛대, 채색 천, 상록수에서 떨어진 잔가지 등이 장식되어 있다. 하나하나 정성스럽게 꾸민 가족 역사가 배어 있는 우리 집의 전시장이다. 우리 집을 찾아오는 손님들 중에는 그 벽을 무심코 지나치는 사람도 있지만 나는 결코 그럴 수 없다. 진열된 물건들의 소중함과 그것 하나하나에 담겨 있는 추억 때문이다.

그것들은 모두 나에겐 천금 같은 보물이다. 사진이건 에티오피아 커피 주전자이건 각각의 물건들은 그것을 보는 순간 그와 연관된 사람들을 떠올리게 한다. 시간 여유만 있다면 나는 얼마든지 그것들을 감상하며 추억에 잠길 수 있다. 즐거움의 핵심에는 하나님의 선하심을 기억하고 기대하면서 하나님을 경배하고 아름다움을 창조하며 감상할 수 있는 능력이 자리한다. 기쁨은 우리의 예배하는 능력에 달려 있다.

나는 우리 집 현관에서 아디스아바바의 커피 의식에서 원데 부인이 끓이던 원두 커피 향을 맡을 수 있고, 우리가 미시건 주에서 살았던 집 좁은 거실의 낡은 의자에 앉아 수천, 수만 번 바늘을 움직이며 십자수를 완성하던 아내의 모습을 그려 볼 수 있다. 우리가 죽은 후에는 이렇게 정성스럽게 간직했던 물건들을 단돈 몇 푼이라도 주고 사려는 사람이 있을지 의문이지만 최소한 우리에게 그 갤러리 벽은 거룩한 벽이다.

> 기쁨은 우리의 예배하는 능력에 달려 있다.

나는 다른 사람의 집을 방문할 때마다 그 집의 아름다움을 살펴보게 된다. 어느 원룸 이동주택에 들어갔을 때는 마치 반 고흐의 미술관에 와 있는 듯한 착각이 일 정도였다. 백만장자의 집에도 들어가 보았는데 그 집에서는 공허하고 인공적인 냄새가 났다. 아름다움은 상품 목록에서 골라 돈으로 살 수 있는 것이 아니며 최고의 디자이너를 거쳐야 완성되는 것도 아니다. 거룩한 아름다움은 사랑이 담뿍 담긴 재료들로 만들어진다.

안식일은 거룩한 시간 속으로 들어가는 날이다. 사람들은 흔히 어느 공간을 거룩하다고 이야기한다. 방금 이야기한 우리 집 현관 양쪽 벽이 매우 특별한 공간인 이유는 그곳에 장식된 물건들과 연관된 것들을 내가 기억해 낼 수 있어서일 것이다. 심지어 그곳은 삼십 년 전 대학원을 다닐 때 만들었던 십자수와 최근의 여행에서 구입한 십자가 사이의 크나큰 간격도 하나로 결합시킨다. 그 벽은 내게 감사와 신비와 영광에 대해 이야기하고 있다.

거룩함이란 한마디로 따로 떼어 둔다는 뜻이다. 다른 것들과 뒤섞여 허우적거리지 않는 것이다. 거룩함은 그 자체로 두드러지고, 더욱 거룩한 것 앞에서 그 빛이 희미해진다. 거룩함은 자신의 고유함을 유지한 채 다른 무엇 속으로 들어가기도 한다. 안식일은 한 날에 불과하지만 그 문 외에 다른 문으로는 들어갈 수 없는 무한한 세계의 출입구이기도 하다.[1]

우리는 안식일을 구별하여 거룩하게 지켜야 한다. 십계명 중에서 가장 길고 포괄적인 네 번째 계명을 성경은 다음과 같이 말하고 있다.

> 안식일을 기억하여 거룩하게 지키라. 엿새 동안은 힘써 네 모든 일을 행할 것이나 일곱째 날은 네 하나님 여호와의 안식일인즉 너나 네 아들이나 네 딸이나 네 남종이나 네 여종이나 네 가축이나 네 문 안에 머무는 객이라도 아무 일도 하지 말라. 이는 엿새 동안에 나 여호와가 하늘과 땅과 바다와 그 가운데 모든 것을 만들고 일곱째 날에 쉬었음이라. 그러므로 나 여호와가 안식일을 복되게 하여 그날을 거룩하게 하였느니라(출 20:8-11).

이 말씀은 안식일에 대해 의문과 논쟁의 여지가 없는 두 가지 사실을 말해 준다. 즉 포괄성과 멈춤이다. 포괄성에 대해서는 다른 곳에서 더 상세하게 논의하겠지만 일단 여기에서는 이 점만을 밝히고 싶다. 안식일은 신앙이 좋거나 돈이 많은 사람들만이 지킬 수 있는 날이 아니다. 모든 사람 심지어 짐 나르는 가축까지도 지켜야 하는 날이다. 두 번째 사항도 주목해야 한다. 즉 모든 노동을 멈추어야 한다는 것이다.

거룩함에는 다른 것들과 동떨어진 그 자체의 구별됨이 있어야 한다.

2장 감각적인 영광

안식일은 늘 같은 것이 반복되는 답답함으로부터 놓여지는 순간이다. 마치 부두에 묶어 둔 여객선 밧줄이 풀어지는 순간과도 흡사하다. 배 안에는 승객이 가득 차 있고, 필요한 물품도 배에 실었고, 이제 모든 사람이 출항만을 기다리고 있다. 당신을 육지에 묶어 놓았던 밧줄이 풀리고 뱃머리를 바다 쪽으로 힘차게 향하면 배의 엔진이 가동되면서 바야흐로 안식일이 시작된다. 이제 당신은 전혀 다른 세계로 들어서는 것이다.

일을 멈추고 쉬라는 명령은 너무 단순하고 싱거워서 어찌 보면 오히려 우리를 혼란스럽게 만든다. 대체 어떻게 하는 것이 안식일을 제대로 지키는 것일까? 안식일을 금요일 저녁부터 시작해야 하나, 아니면 토요일로 해야 하나, 그것도 아니면 일요일 새벽부터 해야 하나? 꼭 24시간을 안식일로 지켜야 하나, 아니면 아침이나 오후만 안식일로 보내도 좋은가? 안식일에 자동차를 운전해도 괜찮은가? 주유를 해도 되는가? 음식을 사 먹어도 되는가? 아픈 친구에게 먹을 것을 갖다주어도 되는가? 가게가 문을 닫았으면 인터넷으로 물건을 사도 되는가? 전화를 받아도 되는가?

안식일과 평일 사이에 경계선을 그으려는 순간부터 우리의 기쁨을 가로막으려는 전쟁이 시작된다. 그 전쟁에는 안식일을 '제대로 지켜야 한다'는 의무감에서 비롯된 책임의식과 죄책감도 개입한다. 우리는 이렇게 생각한다. '안식일 규정을 엄수하면 누구의 비난도 듣지 않을 것이고 올바로 지켰다는 자부심의 "보상"도 받게 될 것이다.' 안식일을 완벽하게 지키지는 못할지라도 최소한 노력에 의한 자기 의(義)를 적립해 놓고 날마다 저지르는 잘못의 빚을 그것으로 갚아 보려는 속셈이다.

인간은 엄수해야 할 규정이나 규칙을 싫어한다. 그러나 안식일 규정은 우리를 고된 일상에서 벗어나 하나님의 선하심을 만끽하는 새로운 세계로 초대한다. 그렇다면 안식일에는 과연 어떤 특징들이 있는 걸까? 첫 번째 특징으로는 관능적인 면을 꼽을 수 있다.

:: 관능적인 거룩함

언제부턴가 우리는 거룩함과 관능적인 것 사이에 가혹하리만치 엄격한 선을 그어 왔다. 그것은 명백한 잘못이고 정면으로 맞서야 할 일이다. 날마다 하나님은 자신이 창조한 피조물을 바라보시며 좋다고 감탄하셨다. 자신이 창조한 모든 것을 아름답다고 하시는 모습에서 그분의 영광에 관한 새로운 면모를 보게 된다.

피조물은 하나님이 아니다. 하나님이라는 존재의 연장도 아니다. 피조물은 하나님과 전혀 다른 별개의 존재다. 그럼에도 불구하고 피조물의 다양성과 독창성과 깊이와 신비 속에는 만질 수 있고 느낄 수 있는 사랑의 선물이 들어 있다. 데이비드 벤틀리 하트(David Bentley Hart)는 이런 말을 했다.

> 피조물의 존재는 하나님의 기쁨이고, 피조물의 아름다움은 하나님의 영광이다. 아름다움은 창조되지 않은 빛, 즉 하나님이라는 빛의 찬란함을 드러낸다.…피조물은 단지 지식과 은혜와 사랑의 생명에 의지하는 광채일 뿐이다. 피조물은 우선 외양을 지니고 있다. 외양은 영광의 반짝이는 직물이며 그 내면으로는 하나님 사랑의 아름다움을 미적으로 전하고 있다.…피조물을 구성하고 있는 것은 기쁨이며 그렇기 때문에 오직 기쁨만이 피조물을 이

해할 수 있고 올바로 볼 수 있으며 그 문법을 해석할 수 있다. 사랑스런 피조물의 아름다움 안에서만―피조물을 진정으로 아름답다고 보는 시각 안에서만―피조물의 진가를 이해하게 된다.[2)]

데이비드 벤틀리 하트는 몇 가지 중요한 사실을 짚어냈다. 피조물은 하나님의 영광을 반영하고, 그것은 마치 밖으로 드러나는 직물의 외관과 같으며, 그 직물을 구성하는 내면적 실재는 하나님의 사랑이라는 선물이라는 점이다. 그리고 그 사실을 볼 수 있는, 아주 피상적으로라도 볼 수 있는 유일한 길은 기쁨이라는 이해의 잣대를 통해서다. 우리가 하나님을 보고, 냄새 맡고, 맛보고, 듣고, 만지기 위해서는 그분이 창조하신 피조물 앞에 감탄하고 감사하는 마음으로 서 있어야 한다.

피조물은 개념이 아니다. 피조물은 예술품이다. 맛있는 수프처럼, 정열적이고 화사한 반 고흐의 작품처럼, 부드럽고 자상한 어머니의 손길처럼. 감각적인 것에 대한 경이 없이는 창조된 작품들을 감상할 수 없다.

> 아름다움은 인간이 감당하기 힘든 것이지만 동시에 인간이 간절히 바라는 것이기도 하다.

피조물은 섬세하고도 거침없는 손놀림으로 정교하게 짜 놓은 아름다운 직물이다. 그것을 감상할수록 그 아름다움에 취해서 어쩔 어쩔한 현기증마저 느끼게 된다. 우리는 꽃의 모양과 색깔과 부드러운 촉감에 반한다. 앙증맞은 꽃봉오리도 예쁘지만 활짝 핀 꽃을 보면 저항할 수 없는 매력을 느낀다. 올바르게 감상하려면 먼저 그 대상에 집중해야 한다. 아름다움은 인간이 감당하기 힘든 것이지만 동시에 인간이 간절히 바라는 것이기도 하다.

우리는 자신의 간절한 욕구에 직면할 수 있는 용기를 가져야 하고, 아울러 자신은 그런 영광을 오랫동안 감당할 수 없다는 사실도 인정해야 한다. 너무도 찬란한 아름다움으로부터 고개를 돌린다 해도 결국 우리 시선이 머무는 곳은 흉한 것이 아니라 좀 덜 아름다운 것이다.[3]

앞서 언급했던 것처럼 우리 부부는 에티오피아의 한 집회에 초대되어 마약을 파는 여성과 창녀를 위해 사역하는 현지 사역자들을 대상으로 설교를 하게 되었다. 사회의 암적 존재로 취급당하는 사람들을 위해 날마다 생명의 위협까지 무릅쓰고 일하는 사람들 앞에서 하나님의 말씀을 전하게 된 것은 내게 크나큰 영광이 아닐 수 없었다.

우리는 그 용감하고 지혜롭고 아름다운 사역자들을 위해 그 집회를 어떤 식으로 멋있게 마무리해야 할지를 고민했다. 젠 마이어스가 성찬식 후에 세족식을 하자고 제안했다. 나는 다른 사람의 발을 씻어 준 적이 없고 남이 내 발을 씻어 준 적은 더더욱 없었다. 하지만 세족식이야말로 집회를 뜻깊게 마무리할 수 있는 매우 좋은 생각이라는 확신이 들었다.

당시의 일들을 글로 표현하기는 무척이나 힘들다. 그 순간이 너무도 거룩하고 진지하고 감동적이어서 눈물 없이는 도저히 글을 쓸 수가 없기 때문이다. 처음에는 다른 사람의 발을 씻어 준다는 게 창피하기도 하고 어색하기도 했지만 어쨌든 우리는 그렇게 하자는 데 의견을 모았다. 세족식이 뜻깊은 의식이라는 사실은 익히 알고 있던 터였다. 우리는 집회에 모인 주 안에서의 형제자매들에게 그들의 발을 씻을 수 있는 영광을 허락해 주겠느냐고 물었고 그들은 흔쾌히 허락해 주었다.

베키와 젠과 나는 세 개의 대야 앞에 무릎을 꿇고 앉았다. 베키와 젠

2장 감각적인 영광

은 여자들의 발을 씻겼고 나는 남자들의 발을 씻어 주었다. 그중에서도 제이콥이라는 남자는 상당히 머뭇거린 후에야 내게로 다가왔다. 내가 그의 신발을 벗기고서 그의 삶과 용기와 사랑에 대해 이야기하는 동안 그는 내 눈을 똑바로 쳐다보지 못했다. 제이콥은 에티오피아 대통령 관저에서 근무했었다. 그러다 하나님의 사명을 받게 되어 전도유망한 직장을 그만두고 창녀들을 위한 사역에 뛰어들었다.

1년 전에 그는 한 선교단체로부터 매우 어이없는 일을 당했다고 한다. 그의 사역을 감독할 만한 서양인 사역자가 없다면 더 이상 그를 후원해 줄 수 없다는 통보를 받은 것이다. 선교단체에서는 제이콥이 선교 후원금을 지혜롭게 사용하지 않고 개인적으로 유용할 것을 우려했다.

제이콥이 마음 상했던 것은 선교단체나 그들의 결정 때문이 아니었다. 자신의 집에 함께 사는 창녀 열여섯 명과 자기 가족의 생계가 막막해졌기 때문이었다. 급기야 그는 서양의 백인들을 신뢰할 수 있는가 하는 근원적인 의문마저 품게 되었다.

나는 제이콥의 발을 오랫동안 정성껏 씻어 주었다. 그의 주름지고 굳은 발을 깨끗이 물로 씻어 주는 동안 내 눈에서는 눈물이 흘렀고 그도 울기 시작했다. 발 씻기를 마치고 그를 포옹해 주자 그는 내 품에서 흐느끼기 시작했다. 얼마나 오랫동안 우리가 그렇게 서 있었는지 모르겠다. 내가 아는 사실은 우리의 눈물을 통해 무엇인가가 시원하게 해갈되었다는 점이다.

성경은 이렇게 말한다. "복된 좋은 소식을 가져오며 구원을 공포하며…산을 넘는 발이 어찌 그리 아름다운가"(사 52:7). 이 글을 읽는 독자들은 자신의 발을 좋아할지도 모르지만 나는 내 몸에서 가장 못생긴 곳이 발이라고 생각했다. 하지만 그날부터 생각이 바뀌었다. 복된 소식을 전하는 발은 기품 있고 멋있었다. 성경은 신체에서 가장 못생긴 부분을 아름다움의 표상으로 부각시켰다. 그런 역설적 표현은 다분히 의도적이라는 생각이 든다. 세족식을 하던 순간은 내게 경이로움 그 자체였다. 이 세상에서 그보다 아름다운 순간이 또 있을까? 그날 밤 내가 경험했던 것보다 더 영예롭고 감격적인 일을 과연 어디에서 또 맛볼 수 있을까?

나는 그 아름다웠던 순간을 오랫동안 떠올릴 수가 없다. 그것은 너무도 눈부시고 찬란한, 내가 진정으로 원했지만 온전히 누려 본 적이 없었던, 그야말로 아름다움의 절정이었고 안식일 기쁨의 참맛이었다.

우리가 주의 영광을 경험하는 순간은 시간의 거룩한 장막으로 들어가는 문이다. 제이콥과 함께했던 순간은 지금 현재 이 글을 쓰면서 내가 느끼는 기쁨의 문이다. 나는 촛불을 켠다. 그리고는 무릎을 꿇고 요요마가 연주하는 바흐의 첼로 모음곡 1번 G장조를 들으며 조용히 기도한다. 다시 자리에서 일어나 창밖을 내다보며 회색빛으로 물든 시애틀의 정경을 물끄러미 바라본다. 나는 스카치 담배를 담뱃대에 넣고 불을 붙인 후 읽다 만 루스 헤일리 바튼(Ruth Haley Barton)의 「영적 성장을 위한 발돋움」(Sacred Rhythms, 살림출판)을 읽기 시작한다.[4] 가슴이 벅차오른다. 이제 네 시간만 있으면 안식일이다.

우리는 아름다움에 몸을 녹이고 색채와 촉감과 맛과 향기와 불과 소리와 달콤함과 기쁨에 우리 감각을 활짝 열어 놓아야 한다. 그것이 날마다 해야 할 당연한 일이라면 안식일, 하나님이 뒤에 서서 피조물을 보며 감탄하셨던 날이야말로 더 말할 나위가 있겠는가?

모든 피조물은 좋고 훌륭하다. 하지만 그럼에도 자신들의 온전한 영광이 돌아오길 간절히 염원하고 부르며 고대하고 있다. 사도 바울은 말하길, "그 바라는 것은 피조물도 썩어짐의 종 노릇 한 데서 해방되어 하나님의 자녀들의 영광의 자유에 이르는 것이니라"(롬 8:21).

> 이번 주 안식일에 당신은 피조물의 어느 부분을 사랑하겠는가?

피조물은 원래 좋은 것이지만 그럼에도 고통에 신음하고 있다. 나와 당신에게 안식일이 필요한 것처럼 만물에도 안식일이 필요하다. 기쁨과 사랑을 만끽하기 위해서는 민감하고 세심하게 안식일에 들어가야 한다. 이번 주 안식일에 당신은 피조물의 어느 부분을 사랑하겠는가? 미덕을 맛보기 위해 한껏 예민해진 감각으로 현실의 어느 부분 속으로 들어가겠는가? 어떤 아름다움을 받아서 그 아름다움을 다른 대상, 곧 찬사와 영광을 받아 마땅한 대상에게 당신이 누린 아름다움을 돌려주겠는가?

:: 안식일에 드리는 경배

경배는 아름다움에 대한 반응이다. 아울러 좋은 선물에 대한 감탄과 감사의 마음을 담아 하나님께 바치는 제사다. 언젠가 뉴질랜드 사우스 아일랜드의 쿡 산에서 약간 떨어진 계곡에 올라간 적이 있다. 시속 60킬로미터로 부는 광풍이 몰아치자 내가 막 건너 온 구름다리가 바람에 심하게 흔들렸다. 다시 그 다리를 건너는 건 위험천만해 보였다.

비록 정상은 구름에 덮여 있었지만 나는 그 산의 빼어난 절경에 입을 다물 수가 없었다. 그때 곁에서 갑자기 낯선 사람의 목소리가 들렸다. 내 옆에 서 있던 한 남자가 "정말 멋지지 않습니까?"라며 말을 걸어온 것이다. 그의 존재가 약간 거슬린 나는 "물론이죠"라고 퉁명스럽게 대답하고 싶었다. 하지만 그냥 몸을 돌려 그를 바라보았는데 무심코 내 입에서 이런 말이 나가고 말았다. "저보고 인정하라는 건가요?"

내 말에 그는 당황한 표정을 지으며 "아니, 무슨 말씀을 하시는 겁니까?"라고 물었고 나는 같은 말을 되풀이했다. "아니, 저는 그냥 쿡 산의 경치가 아주 멋지다고 말한 것뿐인데요…." 그의 볼멘소리를 들으며 나는 표정을 약간 누그러뜨린 다음 그에게 다시 한 번 물었다. "우리가 지금 숨 막힐 정도로 아름다운 절경 앞에 서 있다는 사실을 저에게 인정하라고 묻지 않으셨던가요?" 그는 내가 정신이 약간 돌았다고 생각했는지 "네, 뭐, 그랬지요"라고 간단히 대꾸하고는 입을 다물었다. "그런데 당신은 이 모든 영광을 보며 누구에게 감사합니까?" 내 질문에 그는 더욱 당황하면서 어처구니없다는 표정을 지어 보였다.

혼자서든 다른 사람과 함께든 경이로움에 직면하면 우리는 압도당한다. 그러한 순간에는 무언가(혹은 누군가) 더 크고 위대한 존재 앞에서 자신이 한없이 작아지는 느낌을 받는다. 경이로움은 그렇게 우리를 겸허하게 만든다. 그렇지 않다면 그는 타락했거나 구제불능의 자기도취증 환자다. 그런데 혼자서 그 같은 경이로움을 느끼게 되면 교만해지기 쉽다. 경이로움은 우리 안에 감사하는 마음을 일으켜야 한다. 쿡 산의 숨막히는 절경에 대해, 세계에서 가장 높이 롤러코스터를 타는 재주에 대해, 사랑하는 아내와 함께 마시는 향기로운 포도주에 대해 나는 누구에게 감사할 것인가? 빅뱅 이론에 감사하고, 엔지니어들에게 감사하고, 심지어 아내와 포도원지기에게 감사하는 것만으로는 충분하지 못하다. 나는 그 이상의 것을 위해 창조된 존재다. 나는 하나님의 영광을 천하에 노래하도록 만들어진 존재다.

하나님은 욥에게 이렇게 물으셨다. "내가 땅의 기초를 놓을 때에 네가 어디 있었느냐?…그때에 새벽별들이 기뻐 노래하며 하나님의 아들들이 다 기뻐 소리를 질렀느니라"(욥 38:4, 7). 욥은 대답할 말을 찾지 못하고 쩔쩔매었다. 나 역시도 그때 어디에 있었는지 모른다. 만물이 창조될 때에 나는 세상에 없었다. 하지만 창조주 하나님과 상대하려면 그분의 놀라운 질문에 대답할 각오를 해야 한다.

탄성과 감사로 드리는 경배는 더 알고 싶은 호기심에 마음을 활짝 열고 있는 어린아이의 자세다. 그것은 해부하고 분석해서 아는 지식이 아니라 감각적인 욕구와 만족감이 만나서 이루어지는 거룩한 지식이다. 경배는 우리를 변화시키는 지식이다. 우리는 하나님과의 대화는 고사하고 아름다움마저 온전히 소화하기 힘든 사람들이다. 우리가 만일 "고맙습니다, 하나님. 저에게 이런 순간을 주셔서 고맙습니다"라고 한다면 창조주 하나님은 우리에게 "아니다. 이 영광에 나와 함께 참여해 주어 고맙고 내 영광을 나와 함께 누려 주어서 고맙다"라고 대답하실 것이다. 이것이 바로 안식일의 진정한 본질이다.

그러므로 이번 안식일에 어떤 아름다움을 누릴 것인지에만 몰두하지 말라. 그보다는 안식일의 축제 속에서 어떤 아름다움을 찾아내고 도취할 것인지를 생각해야 한다. 어떤 아름다움이 하나님의 질문에 당신의 눈을 뜨게 만들까? 당신의 감탄과 감사를 증폭시키기 위해서 하나님은 당신이 어떤 질문을 숙고하기를 원하실까?

안식일은 아름다움을 찾아내는 날이다. 더 큰 영광에 대한 당신의 갈증을 한층 더 심화시킬 아름다움이 무엇인지를 찾아내는 날이다. 어떤 안식일은 침묵 가운데 공부만 하면서 보내 보고, 어떤 안식일은 새 연을 만들어서 쌩쌩 부는 바람에 날려 보라. 사냥꾼이 짐승을 쫓을 때처럼 습지대를 기어다녀 보기도 하고 끈 이론(string theory)을 탐구해 보기도 하고 하이젠베르크의 불확정성원리를 퀀텀 물리학과 연관시켜 보기도 하라. 무엇이든 당신의 상상력을 자극하고, 당신의 오감을 만족시키고, 당신의 흥미를 자아내고, 당신을 완전히 새롭고 무한한 세계로 인도하는 것이라면 그것이 곧 안식일의 좋은 재료가 된다.

> 안식일은 아름다움을 찾아내는 날이다. 더 큰 영광에 대한 당신의 갈증을 한층 더 심화시킬 아름다움이 무엇인지를 찾아내는 날이다.

안식일로 안내해 주는 유일한 나침반은 즐거움이다. 이것은 단순한 휴식인가, 아니면 기쁨인가? 이것은 내 심장을 끓어오르게 하는가, 아니면 진부하고 식상하게 하는가? 이것은 나를 더 감사하게 만드는가, 아니면 무언가를 해치웠기에 그저 마음이 후련할 뿐인가?

즐거움을 만끽하기 위해서는 세심하고 용의주도하고 부지런해야 한다. 미리 계획하고 준비하지 않으면 기쁨의 안식일을 누릴 수 없다. 나 자신을 비롯해 배우자, 자녀, 친구, 다른 사람들에게 무엇이 그들을 기쁘게 하는지 물어보라. 시편 기자는 이렇게 말했다.

> 하늘은 기뻐하고 땅은 즐거워하며
>   바다와 거기에 충만한 것이 외치고
> 밭과 그 가운데에 있는 모든 것은 즐거워할지로다.
>   그때 숲의 모든 나무들이
>   여호와 앞에서 즐거이 노래하리니(시 96:11-13).

하늘과 땅이 즐거워하는 것을 듣고, 바다와 밭과 그 소산물이 기뻐 외치는 소리를 듣고, 나무들이 춤추며 노래하는 것을 들으려면 우리는 먼저 입을 다물고 조용히 있어야 한다. 자연 앞에 서서 말없이 귀를 기울여야 한다. 감각을 활짝 열고 당신 앞에서 움직이는 것들을 잠잠히 주목하라. '왜?'라든가, 심지어 '어떻게?'라는 질문마저 하지 말라. 모든 비난과 의심을 잠재우라. 안식일을 바쁘게 보낸다면, 혹은 바쁘게 보내기로 작정했다면 자연은 우리를 기쁘게 하지 못할 것이다.

하나님은 그분이 창조하신 피조물 앞에서 덩실덩실 춤을 추신다는 사실을 기억하라. 당신의 모든 감각을 하나님의 거룩한 유희에 집중시키고 준비가 되면 당신도 안식일의 춤에 몸을 맡겨 보라.

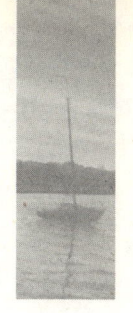

3장
성스러운 시간

안식일은 "시간의 성전"(聖殿)이라고 불린다. 특정한 시간에 왔다가 떠난다는 의미다. 최초의 안식일에서부터 지금까지, 안식일은 매주 일정한 간격을 유지했고 영원한 안식일이 이루어지는 그날까지 그 간격은 계속해서 유지될 것이다. 안식일은 시간 속에서 일어나는 하나의 사건이 아니라 시간의 본성과 그 시간 안에서 우리가 어떻게 살아야 하는지를 새롭게 규정해 주는 날이다.

한 발짝 물러서서 현재 자신이 어떻게 살고 있는지를 정확히 보지 않는다면 앞으로 어떻게 살아야 하는지를 알아내기란 쉽지 않다. 안식일은 시간의 처음과 끝을 이어 주는 날인 동시에 매주 영원으로의 창문을 열어 주는 과거와 미래의 교차로다.

> 안식일은 시간 속에서 일어나는 하나의 사건이 아니라 시간의 본성과 그 시간 안에서 우리가 어떻게 살아야 하는지를 새롭게 규정해 주는 날이다.

어떻게 해서 우리는 안식일의 진정한 의미와 실천에서 이렇게 멀어지게 되었을까?

:: 시간은 쏜살같다

우리는 지금 시간이 황금인 시대를 살아가고 있다. 그러다 보니 과도한 노동과 피로에서 헤어나지를 못한다. 여론조사에 응한 사람 중 절반이 지난달 업무량이 너무 많았다고 말했고, 세 명 가운데 한 명은 만성 피로에 시달린다고 응답했다.[2] 결국 과반수에 해당하는 정신노동자들이 일주일에 40시간 이상을 직장에서 보내고 그중 75퍼센트는 주말에도 40시간 이상씩 일한다는 사실이 밝혀졌다.[3]

미국인의 37퍼센트가 일 년에 7일밖에 쉬지 못하고 14퍼센트만 2주 이상의 휴가를 보낸다는 조사 결과도 있다.[4] 미국인들은 세상에서 가장 적은 유급 휴가를 받고 있으며 휴가 중에도 계속해서 직장과 연락을 취하는 사람들이 20퍼센트에 이르렀다.[5] 한 조사 보고서에는 다음과 같은 내용이 기록되었다. "시간은 미국인들에게 갈수록 중요한 재산인 한편 갈수록 결핍을 보이는 자산이기도 하다. 1996년 '월스트리트 저널'이 조사한 바에 따르면, 전 국민의 40퍼센트에 해당하는 미국인이 돈보다 시간이 없는 것이 더 큰 문제라고 대답했다."[6]

대부분의 사람들은 주어진 시간을 통제하지 못하고 끌려다닌다. 우리는 시간이 **필요하다**고 말한다. 마치 우리에게 필요한 시간을 하나님이 충분히 주시지 않는 것처럼 말이다. 또한 시간을 **낸다**고 말한다. 마치 우리가 시간을 만들어 낼 수 있는 것처럼 말이다. 또 시간을 **뺏는다**는 말을 사용한다. 우리가 시간을 더하고 보탤 수 있는 것처럼 말이다. 아울러 시간을 **사용하거나 써 버린다**는 말로 시간이 우리의 사유재산인 것처럼 표현한다.

아브라함 헤셸(Abraham Heschel)은 이렇게 지적했다. "공간은 우리의 의지대로 할 수 있다. 원하는 대로 공간의 형태를 만들고 그 안에 있는 물건들을 바꿀 수 있다. 그러나 시간은 우리 힘과 의지로 어떻게 할 수가 없다."[7] 우리는 시간을 내 맘대로 통제할 수 없다는 생각에 분노한다.

공간은 우리 주변의 물질적 존재이므로 영구적이고 실제적이지만 쏜살같이 흐르는 시간은 붙들어야 하는 것이라고 생각하는 사람들이 많다. 하지만 그것은 앞뒤가 뒤바뀐 생각이다. 시간은 확실하고 변함없는 것이지만 인간은 시간을 통제할 수 없다. 이 모순된 사실에 대해 헤셸은 다음과 같이 현명한 설명을 덧붙인다.

> 공간을 넘어서 독립적으로 존재하는 시간은 영원히 지속된다. 멸망하는 것은 공간의 세계다. 시간 속에 존재하는 물건들은 멸망하지만 시간 자체는 변하지 않는다. 우리는 시간의 흐름 혹은 시간의 경과라는 말을 사용하지 말고, 시간 속에서의 공간의 흐름 혹은 시간 속에서의 공간의 경과라고 말해야 한다. 죽는 것은 시간이 아니다. 죽는 것은 시간 속에 살아가는 인간의 육신이다. 공간의 세계와 공간 속에 있는 물건에는 일시적이라는 말을 사용할 수 있다. 그러나 공간을 초월하는 시간은 과거와 현재와 미래라는 구분 너머에 존재한다.[8]

> 시간은 구속하거나 사용하거나 빼앗거나 마련하거나 써 버리는 대상이 될 수 없다. 우리는 시간에 순종해야 한다.

헤셸의 말이 옳다면 시간은 구속하거나 사용하거나 빼앗거나 마련하거나 써 버리는 대상이 될 수 없다. 우리가 살아가는 하나의 매개체로서

3장 성스러운 시간

우리는 시간에 순종해야 한다."⁹⁾ 한마디로 시간은 우리가 숨 쉬는 공기 같은 것이다.

:: 시간은 기계다

산업혁명 초기에 시계는 획기적인 변화의 상징이었다. 계절과 달력으로 시간의 흐름을 가늠했던 농경적 개념에서 벗어나 정확성과 관리와 제어의 수단으로 시간에 대한 사람들의 시각이 완전히 바뀌어 버린 것이다. "현대 산업문명의 핵심 기계는 증기기관이 아니라 시계다"라고 줄리엣 쇼어(Juliet Schor)는 말했다.[10]

섬유산업의 발달로 14세기 유럽에서 생겨나기 시작한 소수의 '자본주의자'들은 불경기가 찾아오자 급여를 줄이고 노동 시간을 늘렸다. 그들은 손으로 종(작업종)을 치며 노동자들에게 신호를 보냈다. 작업종은 "노동자들이 언제 출근해야 하고, 언제 식사를 해야 하고, 언제 일을 끝내야 하는지를 알려주었다. 즉, 노동 시간의 제어수단이 태양에서 시계로 대체된 것이다. 그러나 태양과 달리 시계는 고용주의 전적인 통제하에 놓여 있었다."[11]

태양에서 시계로의 전환은 엄청난 실효를 거두어서 이제 시간은 창조된 피조물이 아니라 인간이 나누고, 순서를 정하고, 측정하고, 지배해야 하는 대상으로 인식이 바뀌어 버렸다.[12] 우리는 시간이 있다는 사실에 별다른 감흥을 느끼지 못한다. 시간을 사용해서 유익과 주도권을 얻으려고만 한다.

하지만 시간을 '시계'라는 기계로만 취급할수록 주인과 노예마냥 더욱더 시간에 얽매이게 된다는 사실은 아이러니가 아닐 수 없다. 그 증거로 사람들은 늘 시간에 쫓겨 바쁘고 허둥댄다. 프로젝트의 마감시간은 언제나 코앞에 다가오고 한 작업이 끝나면 곧바로 또 다른 작업이 시작된다. 여유 시간은 갈수록 줄어들고 일은 갈수록 늘어난다. 시간을 **얻었으니** 시간을 **잃는다**는 개념도 당연하다고 생각한다.

나는 이 책을 집필하기 전에 다른 책을 집필하고 있었다. 마침 해외에 출장갈 일이 생겨 며칠간 책을 마무리할 수 있는 짬이 생겼다. 날마다 네 시간씩 글을 쓴 덕분에 탈고를 거의 눈앞에 두고 있었다. 귀국하는 비행기 안에서 노트북으로 마무리 작업을 하고 있는데 식사 시간이 되었다며 승무원이 내 앞으로 다가왔다. 탁자에 음식 쟁반이 놓이는 것을 보고 나는 노트북을 쟁반 위에 올린 채 문서를 저장하고 컴퓨터를 종료했다. 그런데 그 과정에서 무슨 실수를 한 모양이었다. 식사를 하고 다시 컴퓨터를 켜자 그동안 작성해 놓은 문서가 통째로 날아가 버리고 없었다. 내가 아는 컴퓨터 지식을 총동원해서 사라진 문서를 되살려 보려고 안간힘을 썼지만 아무런 소용이 없었다. 그 와중에서 제일 먼저 머릿속에 떠오른 생각은 이랬다. '아까운 시간만 허비했네. 이제 어떻게 시간을 내서 다시 작업을 하지? 겨우 시간을 내서 쓴 글이었는데 몽땅 잃어버리고 말았군.'

여기에는 시간에 대한 나의 몇 가지 가치관이 들어 있다. 첫째로, 내가 시간을 갖고 있고 시간이 나를 갖고 있다는 가치관이다. 시간은 내가 사용할 수 있는 내 소유이고 그것을 낭비하는 건 내 잘못이라는 것이다. 단순히 써 놓은 글을 다듬는 것에 비해서 한 번 쓴 글을 완전히 다시 쓰게 되면 훨씬 더 좋은 글이 나올 것이라는 생각은 전혀 내 머릿속에 떠오르지 않았다. 시간은 잃거나 얻을 수 있는 대상이 아니고 사용하거나 소비할 수 있는 대상도 아니다. 공간은 그렇게 할 수 있으나 시간은 그렇지 않다. 시간은 하나님이 주신 선물이며 우리는 그 선물을 소중히 여겨야 한다. 시간을 기계로 보게 되면 시간 사용을 잘못한다는 생각이 들 때마다 절망하고 전문가의 도움을 구할 수밖에 없다. 그러나 하나님이 우리의 기쁨을 위해 시간을 창조하셨다고 생각한다면 시간을 만드신 하나님께 순종하며 감사하게 될 것이다.

:: **시간은 돈이다**

시간이 돈이라면 벤자민 프랭클린(Benjamin Franklin)이 말했듯이 시간은 우리가 소비할 수 있는 하나의 자산일 뿐이다. 아울러 시간으로 인해 겪게 되는 갈등은 우리가 소비자로서 짊어지는 어려움과 다를 바가 없게 된다. 알렉산더 슈메만(Alexander Schmemann)은 현대인의 일중독을 이렇게 꼬집었다. "무감각한 분주함이 여유로움에 의해 방해를 받는다. 하지만 그것은 '여유로움'이라는 사탄의 언어에 가려진 낯선 진공 상태에 대한 공포이며 그것을 견디기 위해 인간은 약을 복용하지 않으면 안 된다."[13]

우리는 무서우리만큼 속력을 내면서 더 바쁘게 일하고 더 빨리 움직이고 더 비인간적으로 되어 간다. 더 많은 물질과 더 많은 여유를 누리기 위해 우리가 팔 수 있는 것은 시간밖에 없으니 우리는 상품이나 마찬가지인 셈이다. 매들린 번팅(Madeline Bunting)은 이렇게 말했다. "더 열심히 더 오래 일할수록 더 심한 압박감을 느끼고, 쉬고, 달래고, 회복하고 싶은 욕망은 더욱 거세질 것이며 소비주의에서 탈피하고픈 충동이 끊임없이 일어날 것이다."[14]

현대 사회는 속도를 중시한다. 속도는 마약과 같아서 우리의 공허하고 건조하고 시간중독에 걸린 삶을 깨닫지 못하게 만든다. 데이비드 화이트(David Whyte)의 말을 들어 보자.

속도는 결국 방어다. 멈추어서 진지하게 보지 못하게 하는 방어기제다. 우리가 무엇을 하고 있는지, 우리가 어떤 인간이 되어 있는지를 정확하게 볼 수 있다면 멈춤과 함께 오게 될 자기 평가를 견뎌내지 못할 것이다. 그래서 우리는 멈추지 않는다. 더 빨리 달려가고 그래서 더 멈추기가 힘들어진다. 뭔가 그럴듯한 형태의 일거리만 있으면 우리는 언제든지 달려간다. 속도는 벼랑 끝이 코앞에 있다는 끔찍한 경고이며 신호이기도 하다. 우리가 지금 다른 사람의 생을 살고 다른 사람의 일을 하고 있다는 확실한 진단서인 것이다. 하지만 속도는 그 모든 멈춤의 고통에서 우리를 구해 주고 은연중에 자신은 고통에서 제외되었다는 착각을 불러일으킨다.[15]

좌절된 욕구와 불만족의 악순환은 더 많이 일해야 한다는 강박관념을 낳고 시간을 마치 소비 가능한 상품처럼 '사용한다' 또는 '잘못 사용한다'는 생각을 하게 만드는 것이다. 우리는 시간을 따라가고, 귀하게 여기고, 누려야 한다. 시간에 대한 잘못된 생각이 결국은 진정한 안식일을 보내지 못하게 하는 요인이다.

:: **안식일 리듬**

안식일은 일주일에 한 번씩 찾아온다. 안식일을 기대하면서 기억하고 안식일이 되면 제대로 안식일답게 보내야 한다. 안식일은 생의 윤곽을 표시하는 그 주간의 이정표이다. 또한 모든 시간을 받는 때이며 과거와 미래를 응고시켜 성숙하게 하는 거룩한 발효의 순간이기도 하다.

> 안식일은 생의 윤곽을 표시하는 그 주간의 이정표다.

안식일은 그 주간의 끝과 다음 주의 시작 사이에 있으므로 과거와 미래를 잇는 다리라고도 할 수 있다. 더 넓게는 두 가지 위대한 사건, 즉 하나님의 창조와 새 하늘 새 땅이 열리는 재창조를 잇는 다리라고도 하겠다.

인류가 죄를 지어 타락하기 이전에 하나님은 인류에게 안식일을 허락하셨고(창 1장), 십계명의 하나로 안식일을 지키라고 명령하셨으며(출 20장; 신 5장), 새 하늘과 새 땅의 상징으로 약속의 땅에 들어갈 때까지 안식일을 지키게 하셨다. 안식일은 창조를 기억하고 재창조를 기대하는 날이다. 아울러 죄가 사라지고 영광만이 빛날 세상을 미리 맛보는 종말론적 사건이기도 하다. 과거 에덴동산에서 누린 안식일을 기억하면서 앞으로 이루어질 구원받고 새로워진 에덴동산을 상상하고 고대하는 것이다.

안식일에는 시간을 직선적이고 순차적이며 진행 과정으로 보는 시각 대신에 색다른 시각으로 시간을 바라보는 일이 필요하다. 일반적으로 서양인들의 시간에 대한 개념은 아우구스티누스(Augustine)에 의해 형성되었다고 볼 수 있다. 아우구스티누스는 현재라는 시간은 존재하지 않고 오로지 과거와 미래만 존재한다고 주장했다. 과거는 기억 속으로 들어갔고 이미 소비되어 사라졌으며, 인간은 대부분 과거를 후회하는 한편 알 수 없는 미래에 대한 불확실성으로 불안을 겪는다고 했다.[16] 아우구스티누스에게 시간은 기쁨이 아니라 고뇌였다.

서양인의 시간 개념을 형성한 요인은 그 밖에도 여러 가지가 있다. 예를 들면 아프리카 부족들은 시간을 직선 개념으로 생각하지 않고 사건 개념으로 생각한다.[17] 따라서 정해진 시간을 지키는 것은 목표가 아니다. 그래서 그들은 시간의 흐름과 리듬 안에 있는 것을 더 중요하게 여긴다. 그와 반대로 서양에서는 시간을 정적이고 기하학적인 것으로 생각한다. 또 어떤 민족은 시간을 영원히 돌고 도는 원의 개념으로 생각한다. 그래서 미래는 과거에 제시되어 있고 과거는 미래를 비추고 있다고 이야기한다. 그들의 시간 개념에 따르면 현재는 과거 혹은 미래와 구별되는 시간이 아니라 소용돌이치는 파도처럼 모든 방향으로 뻗어 있는 하나의 종합체인 셈이다.[18]

간혹 사람들은 시간을 잊는 경험을 한다. 좀더 구체적으로 말하자면 여유가 넘쳐나서 자신의 움직임이나 리듬이 시간의 심장박동과 일치하는 순간을 말한다. 시간과 하나가 되어 거의 자기 자신을 잊어버리는 순간, 그러면서도 그 어느 때보다 자기 자신을 의식하게 되는 절정의 순간이 있다는 말이다.

플라이 낚시야말로 내게는 시간의 춤이라고 할 수 있다. 낚싯대와 낚싯줄의 리듬, 흘러가는 물소리, 수면을 응시하는 고도의 집중, 느린 물살, 튀어오르는 물고기…. 고기가 걸리든 걸리지 않든 낚싯줄을 끌어올

3장 성스러운 시간

리는 순간, 나는 거의 시간의 흐름을 의식하지 못한다. 언젠가는 시간 가는 줄도 모르고 여섯 시간 동안이나 낚시재미에 푹 빠져 본 경험이 있다. 얼마나 기분이 좋았던지 몸은 피곤해도 훨씬 더 젊어지고 원기왕성해지는 느낌이었다.

글을 쓸 때나 책을 읽을 때에도 가끔 그런 경험을 하곤 한다. 서재에 앉아 열 시간 동안 비트겐슈타인의 철학 서적을 읽고 있으면 이해되는 것은 거의 없어도 내가 시간과 같은 속도로 걷고 있다는 느낌이 든다. 시간과 나는 이상한 관계다. 경쟁하는 사이도 아니고 원수지간도 아니며 그렇다고 친구 사이는 더더욱 아니다. 그렇다, 우리는 사랑하는 연인 사이다. 배를 타고 항해하는 순간, 친구의 열정과 슬픔에 귀를 기울이는 순간들은 특별하다. 시간과 나는 많은 일들을 함께 하면서 순수한 기쁨으로 같이 걸어가야 하는 사이인 것이다. 하지만 우리에게는 오직 안식일이라는 단 하루의 시간만이 주어져 있다. 그날에만 우리는 시간을 성결하게 하면서 본래의 리듬으로 돌아갈 수 있다.

시간과 손을 맞잡고 나란히 걸어가는 특권은 단지 원한다고 해서, 혹은 나 자신이나 가족에게 유익하다고 해서 아무 때나 얻을 수 있는 것이 아니다. 그것은 오직 시간을 성화하고 거룩하게 만들 때에만 가능하다. 처음에는 낚시가 내게 시간의 춤이 되지 못했다. 그저 낚싯대를 열심히 휘두르다가 나중에는 낚싯대를 나무 위에 걸쳐 놓고 물속에서 헤엄치는 것이 고작이었다. 처음에 그토록 힘들었던 낚시가 이제는 죽고 못 사는 취미가 되었다는 게 믿기지 않을 정도다. 안식일과 함께 춤추는 법을 배우는 것은 무한히 중요한 일이다. 그렇기 때문에 또한 무척이나 어려운 일이다. 안식일을 맞이하고, 준비하고, 보호하지 않는다면 안식일과 함께 춤을 추기란 불가능해진다.

:: 안식일을 맞이하다

유대인들은 안식일을 '여왕'이라고 부른다. **성화**(sanctify)라는 단어에는 약혼한다는 뜻이 들어 있다. 우리는 마음의 '여왕'과 약혼해서 신부가 오기 전에 신혼집을 준비해야 한다. 그리하여 그토록 고대하던 여왕의 도착을 열렬히 환영해야 한다. 헤셸은 이렇게 말했다. "[안식일을] 신부로 부르는 것은 안식일이 그저 자신의 만족이나 휴식을 위해 따로 떼어놓은 공허한 시간이 아니라 실제로 맞이해야 할 하나의 현실임을 암시하는 것이다."[19]

마음이 준비를 하고 다가오는 신부를 맞이하겠다는 자세가 아니라 그저 그날만 잘 지내겠다는 자세로 임한다면 안식일을 망쳐 버릴 가능성이 높다. 병원에서 죽어가는 친구와 함께 맞이하는 안식일, 감기 몸살이나 배탈을 앓고 난 뒤에 맞이하는 안식일, 여행 중에 맞이하는 안식일은 집에서 편하고 즐겁게 맞이하는 안식일과는 분명 다를 것이다. 하지만 어떤 경우에도 우리는 안식일을 누릴 수 있다. 심지어 10분간 창밖을 내다보면서도 우리는 그날의 선물을 받을 수 있다.

하지만 대부분의 사람들이 안식일을 맞이하는 자세는 사교 모임에 가서 마음에도 없는 대화를 해야 할 때와 크게 다르지 않다. 사람들은 한 손에 잔을, 다른 손에 과자를 들고서 삼삼오오 탁자 주위에 모여 시시콜콜한 잡담을 나누며 시간이 흘러가기를 기다린다. 그런 모임에 가서 의미 있고 즐거운 대화를 나누었던 기억은 한 손가락에 꼽을 정도다.

나는 천성적으로 사교 체질이 아니다. 내게 있어 수다 떨기는 인스턴트 음식과 같다. 배는 빨리 부르지만 몸에는 좋지 않다. 그저 소량만 섭취하는 게 좋다.

우리가 안식일을 맞이하는 일도 사교 모임과 별반 차이가 나지 않는다. 맛있는 음료와 간식, 깔끔한 탁자, 화덕에서 지글거리는 고기구이, 재치 있는 입담과 인사가 오고가는 기분 좋은 모임의 느낌일 뿐 "영원한 하나님이 명령하신 날"의 진한 감동은 느끼지 못한다.[20]

어린아이와 같이 순수한 마음으로 안식일을 환영해야 한다. 성탄절 아침에 선물을 열어 봐도 된다는 말을 들은 아이들이 어떤 반응을 보일지 상상해 보라. 아이들의 눈에서는 빛이 날 것이고 깡충깡충 뛰면서 어쩔 줄을 모를 것이다. 바야흐로 "슬픔과 두려움과 어두운 기억을 몰아내는 애무와 같은" 날이 왔기 때문이다.[21] 모든 불신을 중단하고 기쁨의 날에 참여하기로 결정했는데 어찌 즐겁고 흥겹지 않을 수 있겠는가?

:: **안식일을 준비하다**

손님을 맞이할 때 마음 다음으로 바빠지는 것이 손이다. 손님이 도착하기 전에 그릇을 반짝반짝하게 닦고, 탁자보를 빨고, 집안을 청소한다. 중요한 손님이 당신의 집을 방문할 예정이라면 어떻게 준비하겠는가? 기대감에 잔뜩 부풀어서 최선을 다해 준비할 것이고, 웬만한 일이 아니면 다른 일에는 신경도 쓰지 않을 것이다.

안식일에 일하면 안 되는 이유는 일이 기쁨을 앗아가기 때문이다. 그건 마치 배우자와 성관계를 하던 도중에 벌떡 일어나 잔디를 깎거나 설거지를 하는 것처럼 해괴하기 그지없는 일이다. 그런 돌출 행동은 분위기를 망치는 정도가 아니다. 자기는 배우자와의 성적인 교감보다 집안일이 더 좋다는 의미이니, 순수한 기쁨에 대한 정면 도전인 셈이다.

> 안식일에 일하면 안 되는 이유는 일이 기쁨을 앗아가기 때문이다.

안식일 준비는 그날 하고자 하는 의식이나 계획에 따라 달라질 수 있다. 하지만 무엇보다 중요한 것은 함께 안식일에 참여하는 사람들과 대화를 나누는 일이다. 안식일을 함께 보내기 위해 가까운 사람들을 초대했다면 단순한 저녁 초대가 아니라 안식일을 누리기 위한 만찬임을 미리 알려주어야 한다. 안식일에 등산을 하고 싶으면 안식일이 오기 전에 필요한 물품을 모두 구입하고 짐을 싸서 자동차에 실어 놓아야 한다. 만일 온 가족이 차고에서 펑거세인닝 놀이를 하기로 계획했다면 그 전에 차고를 정리하고 깨끗이 치워 놓아야 한다.

안식일을 위한 준비 과정에는 함께 계획하고, 할 일을 분담하고, 온 집을 기대감으로 가득 채우는 일이 필요하다. 가령 안식일 전에 스튜를 넉넉하게 만들어 놓으면 안식일에 요리하는 시간을 절약할 수 있다. 안식일 보내기의 일환으로 전 가족이 음식을 만들기로 계획해 두었다면 안식일 전에 필요한 재료들을 미리 구입해 두는 것이 좋다.

중요한 것은 안식일을 **사전에 준비하는 마음가짐**이다. 아무것도 안 하고 가만히 있는데 저절로 기쁨이 찾아오지 않으며, 요구한다고 해서 이루어지지도 않는다. 창조성은 10퍼센트의 영감과 90퍼센트의 땀으로 이루어진다는 말처럼, 안식일의 기쁨도 치밀한 계획과 사전 준비 없이는 신기하게도(?) 잘 찾아오지 않는다. 안식일은 하나님이 주시는 기쁨을 받아들이고 그분과 같이 하나님의 영광을 위한 관현악을 연주하라고 우리를 초청한다. 그러기 위해서는 순종과 상상력이 뒷받침되어야 한다.

안식일 이후 3일간은 안식일에 있었던 일들을 음미하면서 다음번에 더 멋진 하루를 보낼 방안을 강구해 본다. 그럴 때는 '어떻게 하면 더 나은 안식일을 보낼 수 있을까?'라는 질문을 해봄직하다. 그렇다고 머리를 싸매고 고민할 것까지는 없고, 그저 새로운 계획들을 짜서 앞으로 다가올 안식일을 설레는 마음으로 기다릴 수 있으면 되는 것이다.

안식일 전의 3일간은 안식일에 하고 싶은 일을 이야기하고 계획을 짜는 기간으로 삼는 게 좋다. 물론 계획이야 얼마든지 바꾸고 조정할 수 있다. 다만 촉박하게 서두르지 말고 미리미리 구상을 하여 최상의 계획을 짜도록 하라.

: : **안식일을 보호하다**

얼마 전 내가 당뇨병 초기 환자라는 사실을 알게 되었다. 의사는 혈당수치를 낮추기 위해서는 살을 빼야 한다고 조언했다. 나는 약간 겁이 났다. 아는 사람 중에 당뇨병으로 고생하는 사람을 본 적이 있었기에 육십 평생 처음으로 살빼기에 도전하기로 작정했다.

전에도 살을 빼겠다는 생각을 안 해 본 것은 아니지만 실제로 다이어트를 시도할 만큼 절박한 상황은 아니었다. 이번에는 일체 단 것을 입에 대지 않고 무엇보다 탄수화물 섭취를 줄이겠다는 비장한 각오까지 했다. 지금도 식당에 가서 바구니에 담긴 빵들을 보면 군침이 돌지만 이번만큼은 제대로 식이요법을 하고 생활방식을 바꾸어서 반드시 살빼기에 성공해야겠다고 마음먹었다.

하지만 그 정도로 철저하게 당분과 탄수화물을 자제할 필요가 있느냐고 친구나 지인들이(다행히 우리 가족은 제외하고) 그토록 끈덕지게 물어볼 줄은 상상도 하지 못했다. "그냥 적당히 해도 되지 않겠어?" "과자 한 개쯤이야, 뭐 어때?" "이 디저트를 조금만 드세요. 아주 맛있어요." 그들은 나를 생각해서 그렇게 했을 것이다. 남들이 좋다, 멋있다, 괜찮다고 생각하는 통념을 거슬러 행동하려고 할 때 어떤 식의 저항과 마찰이 기다리고 있는지를 나는 전혀 예측하지 못했던 것이다. 아니, 더 정확하게 말해서 남들이 하고 있지 않은 '건강 챙기기'에 돌입하는 순간부터 온갖 유혹에 휩싸이는 것은 물론이고 가끔은 그 동기와 진정성까지 의심받게 된다는 것을 나는 알지 못했던 것이다.

안식일을 지키는 것도 그와 마찬가지다. 친구나 가족만이 그에 대해 의문을 제기하는 것이 아니라 우리의 진정한 자유와 기쁨을 방해하려는 악의 세력도 의도적으로 안식일을 방해하려고 한다. 한번은 안식일을 못 지키게 하려는 사탄의 소행이 너무도 뻔히 보여서 실소를 머금었던 적도 있었다. 안식일을 보호하는 최선의 방책은 최선의 계획을 세우는 것이다. 그 다음은 신경 쓰게 만드는 일체의 요인, 이를테면 이메일, 음성 메일, 전화 통화 등을 피하는 것이다. 우편함 확인이나 빨래, 장보기 같은 일상적인 일도 조금씩 손대다 보면 눈덩이처럼 커질 수 있으니 조심해야 한다.

안식일에 관한 책들은 한결같이 "너무 율법적으로 안식일을 지키려 하지 말라"고 충고한다. 나 역시 그 말에 전적으로 동의한다. 아울러 악

> 안식일을 보호하는 최선의 방책은 최선의 계획을 세우는 것이다.

3장 성스러운 시간

한 세력들도 우리가 안식일을 지키지 못하도록 교묘한 방법으로 훼방한다는 사실을 명심해야 한다.

안식일을 지키다 보면 어떤 면에서 좀더 부지런해져야 하고 어떤 면에서 좀더 현명해져야 하는지를 스스로 깨닫게 될 것이다. 그때까지 수많은 방해 공작이 있을 것을 명심하고 안식일을 지키기 위해 미리미리 철저한 준비와 계획을 세워 당신의 마음이 안식일의 영원의 리듬을 포옹하기 바란다.

4장
축제의 한마당

안식일은 하나님과 사람들과 자연과 교감하며 감각적 기쁨을 만끽하는 날이다. 또한 아름다움과 감각과 잔치 리듬에 맞추어 춤을 추는 날이다. 안식일은 무조건 근엄하고 조용하게 보내야 하고 신앙과 관련된 일만 해야 한다는 생각보다 더 편협하고 잘못된 생각은 없다. 만일 그것이 정답이라면 결국 안식일에 할 수 있는 일은 교회에 가거나 집 안에서 빈둥거리거나 낮잠을 자거나 노는 것밖에 없을 것이다. 그러나 안식일이 모든 감각으로 즐기는 흥겨운 잔칫날이 되어야 "너희는 여호와의 선하심을 맛보아 알지어다. 그에게 피하는 자는 복이 있도다"(시 34:8)라고 말할 수 있지 않겠는가?

> 안식일이 모든 감각으로 즐기는 흥겨운 잔칫날이 되어야 "너희는 여호와의 선하심을 맛보아 알지어다. 그에게 피하는 자는 복이 있도다"(시 34:8)라고 말할 수 있지 않겠는가?

:: **인간 관계의 부담감**

현대인들 중에는 일을 떠나 휴가를 가는 것뿐만 아니라 인간 관계의 부담에서도 잠시 해방되고 싶은 사람들이 많다. 결혼한 여성들에게 안식일은 친구와 지인들(학교, 유치원, 교회 등에서 만나 친해진 사람들)과 떨어져 남편과 자녀들을 시중드는 날이 되기 십상이다. 결혼한 남성들에게 안식일은 교회에 가고 텔레비전으로 운동 경기를 시청하거나 책을 읽으면서 새 주간이 시작되기 전에 잠시 휴식을 취하는 날이 되는 게 보통이다. 안식일을 보람 있게 보낸다고 이런저런 계획을 세우고 움직여 봐야 그저 몸만 피곤해지고 오히려 안식일을 망친다고 생각하는 사람들이 많다.

그냥 되는 대로 하루를 보내면 계획이 틀어져 낭패를 볼 가능성이야 적어지겠지만 유진 피터슨이 말한 '모조 안식일'을 보낼 가능성도 그만큼 높아진다는 점을 명심해야 한다.[1] 계획을 실행하기 위해서는 미리 생각하고, 계획을 짜고, 챙기고, 몸을 움직여야 한다. 안 그래도 그렇게 사느라 지쳤는데 하루쯤 아무 생각 없이 그냥 쉬고 싶은 사람에게는 그마저 피곤한 일이 될 수도 있다.

그렇다면 해결책은 한 가지다. 먼저 안식일이 관계와 자연과 아름다움을 위한 날임을 분명하게 깨닫는 것이다. 하지만 아무리 그 사실을 깨달았다고 해도 그 아름다움을 만끽하기 위해서는 스스로를 다그치고 노력하지 않으면 안 된다.

:: 삼위일체, 친환경, 심미학

안식일이 우리를 보내고 싶어 하는 곳이 있다면 그건 두말할 나위 없이 자연이다. 안식일을 실내에서만 보내는 것은 지저귀는 새소리, 살랑거리는 바람, 새벽의 신선한 공기를 잊어버리는 행위다. 설령 집안에서 하나님 생각을 했다고 해도 그것은 하나님을 잊어버리는 행위다. 우리는 성삼위의 아름다움에 넋을 잃은 채 대지로 들어서야 한다. 우리가 할 일은 하나님의 창조물 속에서 그분의 얼굴 가까이 다가설 방법을 모색하는 것이다. 하나님이 만드신 세상에 놀라며 점차로 우리 의식이 깨어날 때 그 방법은 더욱 구체적이 될 것이다.

위르겐 몰트만(Jürgen Moltmann)은 이렇게 말했다. "안식일의 진정한 의미는 친환경적이어야 한다. 심미적인 요소도 그와 연관되어 있다. 그저 쉬려고 오는 사람만이 사물의 아름다움을 볼 수 있다. 그런 사람은 꽃, 노을, 그림, 화병, 사랑하는 사람을 보고 예기치 않은 기쁨을 발견하게 된다."[2]

몰트만은 우리에게 획기적인 단순함과 더불어 보는 법을 다시 배우라고 촉구한다. 일주일간의 빽빽한 일성과 일 중심의 시각에서 벗어나 예기치 않은 자연의 혜택을 보기 위해 쉬라는 것이다. 우리는 계획에 묶이지 않는 세계에 들어갈 계획을 세워야 한다.

칼 바르트(Karl Barth)는 성삼위와 아름다움에 대해 이런 말을 했다. "성삼위는 찬란한 빛을 발한다. 성삼위가 찬란하게 발하는 것은 곧 기쁨이다. 기쁨은 매력적이고 그래서 기쁨은 승리한다. 그러므로 기쁨은 아름답다. 다시 말해 성삼위는 그 관계와 조화, 그 존재와 섭리, 세 위격(perichoresis) 간의 애정 어린 연합으로 인해 우주의 춤을 보는 것 같은 아름다움을 발한다는 뜻이다."[3] 안식일은 우리가 하나님 그리고 다른 사람들과 함께 춤을 추면서 숨 막힐 듯한 아름다움을 경험하는 날이다.

> 안식일은 우리가 하나님 그리고 다른 사람들과 함께 춤을 추면서 숨 막힐 듯한 아름다움을 경험하는 날이다.

4장 축제의 한마당

하나님과의 춤은 '2인 댄스'가 아니다. 하나님은 세 위격이시며 영원히 존재하는 성삼위 하나님의 연합이기 때문이다. 성삼위 하나님은 인간들끼리도 그분의 아름다움을 누리며 춤을 추라고 하신다. 성삼위 하나님은 이 지구를 포함해서 우리 모든 인간과 하나님의 형상으로 만들어진 공통성을 근거로 하나의 관계를 형성하고 계신다. 우리는 서로와 연결되어 있으며 하나님의 예술품인 지구를 사랑하고 소중히 여겨야 하는 존재들이다. 특히 피조물을 바라보며 감탄하셨던 안식일에는 더더욱 그렇게 해야 한다.

안식일의 기쁨에 참여하기 위해 우리는 아름다움과 감각과 향연의 신학을 살펴볼 필요가 있다.

:: **아름다움**

아름다움은 바라보는 이의 눈에 있다. 아름다움은 하나님이 창조한 하나의 형태를 반영하는 소여(所與: 사고의 대상으로 의식에 직접 주어지는 내용—역주)다. 당신은 이 두 문장 가운데 어느 것이 더 옳다고 생각하는가? 첫 번째 문장은 아름다움이라는 개념이 지극히 개인적이며 주관적이라고 강조한다. 사람들은 흔히 아름다움을 그런 식으로 생각한다. 즉 각자의 주관에 따라 아름다움이라는 개념이 형성된다고 믿는다.

그러나 학술 자료에 의하면, 어느 민족 누구를 막론하고 아름다운 얼굴은 일관되게 아름답다고 느낀다고 한다.[4] 아름다운 얼굴이 되려면 조화와 개성이 있어야 한다. 얼굴 왼쪽과 오른쪽의 조화가 완벽할수록 사람들은 아름답다고 생각한다. 그러나 아무리 좌우대칭이 완벽하더라도 그것만으로는 충분하지 않다. 조화와 균형이 중요하긴 하지만 나름의 독특함과 개성이 있어야 진정으로 아름답다.

참된 아름다움은 성삼위의 연합과 다양성 모두를 반영한다. 성부와 성자와 성령은 동등한 하나님이시다. 즉 존재는 같으면서 위격은 각자 다르다. 사람들은 조화와 연합을 원하지만 그것만 있으면 너무 따분하다. 우리는 다양성도 함께 원한다. 하지만 연합이 없는 다양성은 혼돈일 뿐이다. 우리는 따분함과 혼돈 모두를 싫어한다. 인간은 성삼위 하나님과 친밀한 관계를 맺도록 창조되었기 때문에 연합과 동시에 독특한 개성을 선호한다.

사람들이 아름답다고 생각하는 기준에는 저마다 차이가 있다. 그럼에도 불구하고 조화와 다양성은 일체감과 함께 심지어 경이로움마저 느끼게 한다. 아름다움은 무엇인가? 데이비드 벤틀리 하트는 이렇게 답한다. "아름다움은 무엇이라고 정의할 수 없다. 아름다움은 질도 아니고 특성도 아니고 기능도 아니며 심지어 어느 사물이나 사건에 대한 주관적 판단이라고 할 수도 없다.…하지만 그 무엇도 아름다움만큼 가공할 위력이나 즉각적인 반응을 불러일으키는 것은 없다."⁵⁾ 아름다움은 우리가 지배하거나 통달할 수 있는 대상이 아니다. 우리 마음대로 아름다움을 단정할 수도, 소유할 수도 없다. 하지만 아름다움을 접하는 순간 우리는 아름다움의 포로가 된다.

하나님이 창조하신 아름다움의 극치는 예수 그리스도와 그분의 생애, 죽음, 부활, 승천에서 찾아볼 수 있다. 칼 바르트와 한스 우르스 폰 발타자르(Hans Urs von Balthasar)는 "하나님의 아름다움은 하나님께로 이끌리게 하는 힘, 기쁨을 주는 힘, 소망을 만들어 내는 힘, 기쁨과 경탄을

일깨우는 힘"이라고 말했다.⁶⁾

그리스도인의 기쁨과 경탄과 소망을 일깨우는 가장 강력한 자극제는 무엇일까? 이 세상에서 성육신의 아름다움처럼 우리 마음을 흔들어 놓는 것은 없다. 하나님이 육신이 되셨다. 예수님은 온전한 하나님이면서 또한 온전한 인간이셨다. 성육신 사건은 인간 이해력의 한계를 뛰어넘는다. 그러면서도 그보다 못한 아름다움을 볼 때와 마찬가지로 기쁨과 경이로움을 느끼게 한다.

우리로서는 도저히 성육신을 이해하거나 설명할 수 없다. 성육신은 우리 인간이 경험하고 인지할 수 있는 차원을 넘어서는 사건이다. 그럼에도 불구하고 우리를 위해 이 땅에 보내 주신 하나님의 아들, 그 어마어마하고 굉장한 선물로 인해 우리는 조금이나마 성육신의 아름다움을 맛볼 수 있게 되었다. 하나님이 인간이 되셔서, 우리 인간은 하나님과 만나는 그야말로 과분한 복을 받게 되었다. 온전한 하나님이며 동시에 온전한 인간이었던 예수님이야말로 완벽한 인간 그 자체였다. 그 예수님이 우리에게도 흠 없고 완전하며 충만한 인간이 되라고 말씀하신다. 예수님이야말로 유일무이하고 넘치도록 충만하신 분이었다.

> 아름다움 앞에서 우리는 넋을 잃고 감탄할 뿐이다.

아름다움 앞에서 우리는 넋을 잃고 감탄할 뿐이다. 그러한 감탄은 우리를 겸허하면서도 대담하게 만든다. 예술가들은 내게 이런 이야기를 했다. 그림이나 연극이나 작곡의 소재가 머리에 떠오르면 그것은 자신의 발상이라기보다 누군가 자신을 믿고 그것을 자신에게 주어서 작품으로 만들어 달라고 부탁하는 듯한 느낌이 든다는 것이다. 한 가지 발상이 서서히 형태를 갖추어 가는 동안 그들은 흥분을 느끼고 때로는 고민하지만 언제나 누군가가 좀더 완벽하고 감동적인 작품을 만들라고 호소하는 느낌을 받는다는 것이다. 그러다가 작품이 완성되어 그 작품(엄밀히 말해서 자신의 창작품이 아닌)을 지그시 바라볼 때에는 피곤과 함께 말할 수 없는 기쁨이 몰려온다고 한다.

한 정형외과 전문의가 부러진 뼈들을 정상적으로 맞추기가 불가능한 환자를 두고 해결책을 찾아 고심했던 이야기를 들려준 적이 있다. 그는 수술실을 나와서 옆방에 있는 의자에 앉아 전혀 색다른 구조로 뼈를 고정시키는 것이 어떨까를 고심했다고 한다. 잠시 후에 그는 다시 수술실로 들어가서 한 번도 시도해 보지 않았던 방법으로 수술을 무사히 끝마쳤다. 결과는 대성공이었다. 의사는 내게 이렇게 말했다. "정말 멋진 일이었습니다. 물론 우리 몸을 만드신 창조주의 본래 구조를 벗어나긴 했지만 그때 떠올랐던 시술 방법은 마치 뜻밖에 받은 선물처럼 너무도 의외였거든요." 어떻게 그런 일이 가능한 걸까? 어떻게 예수님은 온전한 인간이면서 동시에 온전한 하나님일 수 있을까? 성육신은 우리에게 신비의 창문을 열어 놓고 인생을 전혀 다른 각도에서 바라볼 수 있게 해준다. 비록 그 창문으로 우리가 볼 수 있는 것이 매우 한정되어 있더라도 말이다.

이 글을 쓰는 동안 나는 창밖에서 일제히 날아오르는 수백 마리 제비들에게 넋을 빼앗기고 말았다. 제비들은 무서운 속력으로 날아가다가 삽시간에 방향을 틀더니 마치 발레 무용수들이 군무를 추듯 다른 쪽으로 날개를 퍼덕이며 날아갔다. 나는 입가에 미소를 머금고 감탄스런 눈길로 그들의 비행을 감상했다. 그렇게 10분 이상 창밖을 응시하는 동안 나는 내가 글을 쓰고 있었다는 사실조차 잊어버렸다. 그러다가 다시 눈을 돌려 내가 써 놓은 글을 읽어 보니 웃음만 나왔다. 어찌 그리 시시하고 궁색한지! 집 밖에서는 3차원의 세계가 펼쳐지고 있는데 겨우 2차원의 글을 쓰며 앉아 있다니!

18세기의 신학자 조나단 에드워즈(Jonathan Edwards)는 아름다움을 연구한 최초의 청교도 신학자였다. 그는 인간의 마음 가운데 아름다움에 대한 갈망을 일깨워 주는 학교는 자연이라고 역설했다. "에드워즈는 하나님의 아름다움과 지구의 경이로움, 양쪽 모두를 이해할 수 있도록 계속해서 마음과 생각의 통합을 꾀했다. 하나님의 은혜로 우리는 이 세상의 모든 신비로움을 볼 수 있고, 또 한편으로는 감각들이 유기적으로 인지하여 하나님의 위대하심을 엿볼 수 있게 되는 것이다.…이것은 음미와 즐거움이 곁들여져 있는 배움이다. 단지 머리로만 깨닫는 수준이 아니라 모든 감각이 총동원되어 알게 되는 것이다."⁹

하나님은 자연의 아름다움이 우리를 자극하고 우리 마음을 사로잡아 그분을 갈망할 수 있도록 의도하셨다. 그러기 위해서 우리는 먼저 아름다움에 모든 감각을 열어 놓아야 한다.

:: **감각**

안식일은 일주일 중에서 가장 감각적인 날이 되어야 한다. 사람들에게 가장 감각적인 날이 언제라고 묻는다면 밸런타인데이 정도를 떠올리지 않을까? 종교적인 측면에서는 아마도 사육제 마지막 날, 즉 우리가 보통 '참회의 화요일'이라고 부르는 날의 만찬 정도가 아닐까 싶다. 하지만 그런 날은 매주 있지도 않고 기독교와 연관된 것은 더더욱 아니다.

안식일에는 감각의 유흥이 있어야 한다. 그날에 너무 빨리 움직이거나 너무 멀리 가거나 평범한 일상에 초점을 맞추어서는 안 된다. 안식일에는 감각의 분출이 일어나야 한다. 후각, 촉각, 청각, 시각, 특히 미각의 흥겨운 한마당이 펼쳐져야 한다. 감각들을 제쳐놓고서 아름다움에 도취하기란 불가능하다. 다이앤 애커먼(Diane Ackerman)은 이렇게 말했다. "감각은 삶을 명료하게 **이해시킬** 뿐 아니라 현실을 조각내어 그것을 의미 있는 형태로 재조합하게 만들어 준다.…감각은 퍼즐 맞추기처럼 정보의 퍼즐들을 뇌에서 맞추도록 해준다. 충분한 '퍼즐' 조각이 모이면 우리 뇌는 비로소 암소라고 인지하며 '암소가 보인다'라고 말하는 것이다."⁸⁾

여러 가지 요인으로 인해 우리에게는 자신의 감각을 불신하는 경향이 상당히. 우리의 교육 현실을 늘여다보면 감각을 키워 주는 교육은 거의 전무한 실정이다. 아우구스티누스의 말이 그 안타까움을 대변한다.

하나님을 사랑한다고 말할 때 나는 무엇을 사랑한다는 말일까? 분명히 물질적 아름다움이나 일시적 상태의 아름다움은 아닐 것이다. 그렇다고 이 세상 빛의 찬란함도 아니다. 비록 내 눈에 그 빛이 아름답더라도 나는 빛을 사랑하는 게 아니다. 아름다운 노랫가락도 아니고, 꽃이나 향수나 향료의 향기도 아니고, 만나나 꿀도 아니고, 껴안고 싶은 육신도 아니다. 하나님을 사랑한다는 것은 분명 그런 것들을 사랑한다는 의미는 아니다. 그럼에도 불구하고 내가 하나님을 사랑할 때 나는 분명 일종의 빛, 음성, 향기, 음식, 포옹 등을 사랑하는 것이다. 하지만 그런 것들은 나의 내적인 자아가 사랑하는 것들이다. 내 영혼이 공간에 얽매이지 않은 어떤 빛을 받게 될 때, 결코 사라

4장 축제의 한마당

지지 않는 어떤 소리를 듣게 될 때, 바람이 불어도 날아가지 않는 향기를 맡게 될 때, 먹어도 없어지지 않는 음식을 맛볼 때, 욕구를 채워도 다함이 없는 포옹을 할 때 그것이 나의 하나님을 사랑한다고 말하는 그 사랑인 것이다."

아우구스티누스는 상당히 감각을 불신했던 사람이다. 진정으로 하나님을 만난 게 아니라 그분의 자취만 발견하고서도 하나님을 만난 것처럼 착각하게 만들거나 하나님에게서 멀어지게 할 가능성을 지닌 게 감각이라고 그는 믿고 있었다. 그는 강한 욕구를 일으키는 감각을 최대한 배제하려고 노력했다. 오직 하나님만이 더 강한 욕구를 일으키실 자격이 있으며 감각적인 것들은 그럴 자격이 없다고 생각했다. "이전에 저는 냄새로 인한 즐거움보다는 소리로 인한 즐거움에 더 큰 매력을 느끼곤 했습니다. 저는 소리의 매력에 빠져들었지만 하나님이 그 탐닉의 끈을 잘라서 저를 해방시켜 주셨습니다. 지금도 저는 어떤 찬송가를 들으면 그 가락에 심취할 때가 있습니다. 당신을 찬미하는 찬송을 아름다운 목소리를 가진 성악가가 부를 때는 어쩔 수 없이 그 가락에 빠져듭니다. 하지만 이전처럼 제 자신을 망각할 정도로 음악을 좋아하지는 않습니다."10)

자, 어떤 것이 더 나쁠까? 자신의 감각을 일깨우는 것에 대한 집착과 온갖 자극을 대량 투여해도 미세한 감각밖에 느끼지 못하는 무감각 중 어느 것이 더 불행한가? 현대인들은 너무도 감각에 무디어진 나머지 웬만큼 격렬한 운동경기나 요란한 술자리나 위험한 오락이 아니면 눈도 깜짝하지 않는다. 고통이든 쾌락이든 무조건 직접적인 체험을 갈구하다 보니 요즘 젊은이들은 "그냥 좀 느껴 보고 싶었어요"라는 말을 아무렇지도 않게 내뱉는다. 예전에는 감각 경험이 인간을 하나님에게서 멀어지게 할까 봐 감각의 부작용을 우려했다면 요즘에는 감각이라는 선물에 무심해진 사람들이 너무 많다는 사실을 우려해야 한다.

감각을 믿지 말라고 경고했던 아우구스티누스와는 달리 신학자 줄리안은 우리의 감각을 맘껏 누리라고 권면한다. "하나님은 우리 자신의 영혼보다 더 가까이에 계시다. 하나님이야말로 우리의 영혼이 서 있는 근간이며 우리의 실체와 감각이 함께 존재하면서 결코 떨어지지 않게 하시는 분이다."[11] 줄리안은 인간 존재 안에 있는 하나님의 유일성과 영원성을 상실하지 않으면서 하나님을 우리 감각 속에 이입하고 있다고 볼 수 있다. 회의와 의심에 찬 아우구스티누스의 시각보다는 훨씬 너그러운 시선으로 인간 감각의 신비로움을 바라보고 있는 것이다.

아우구스티누스는 하나님의 노성과 인간의 도성으로 현실을 양분하고 두 도성이 항상 싸우고 있어서 결코 화합하지 못한다고 주장했다. 반면에 줄리안은 "우리의 감각은 우리 주 예수님이 앉아 계시고 예수님으로 에워싸여 있는 아름다운 도성"이라고 말했다.[12] 누구의 주장이 자신에게 더 적합한지를 고르라고 한다면 문제는 단순해진다. 아우구스티누스처럼 문란한 성생활을 즐겼던 사람이라면 감각을 불신하는 게 더 타당해 보일 것이고 자신의 육체에 별 거부감이 없는 사람은 줄리안처럼 감각을 수용하는 게 더 합리적으로 보일 것이다. 신학의 제반 문제들과 마찬가지로 이 문제의 옳고 그름도 간단하게 판단할 수 없는 무언가를 갖고 있다. 결정적으로 대답하지 못하는 어중간함, 즉 작가(이 경우에는 나)를 생각 없는 타협가나 어느 것 하나 똑 부러지지 않는 엉성한 사상가처럼 보이게 하는 그 중간 어딘가에 진실이 놓여 있는 게 아닐까?

4장 축제의 한마당

하지만 다이앤 애커먼의 감각적인 자궁 예찬론을 들어 보라. "자궁 속에 있는 아기에게 엄마의 심장박동 소리는 평화와 풍요의 자장가 소리나 다름없다. 엄마의 호흡 소리는 밀려오는 파도처럼 아기를 달래고 얼러 준다. 엄마의 자궁은 안락한 곳이고, 낯익은 풍경이고, 리드미컬한 포근함이며, 엄마의 심장박동은 안전함의 고요한 음악이다."[13]

나로서는 엄마 자궁 속에 있던 때를 회상하지 못해서인지 다이앤 애커먼의 파도 리듬, 심장 음률, 포근한 자장가가 담긴 문장을 읽기 전까지 한 번도 엄마 자궁 속의 그 깊고 풍요로운 고요함을 생각해 본 적이 없었다. 문득 '나도 정말 그때 그렇게 느꼈을까?' 하는 의문이 들었다. 물론 알 길은 없다. 하지만 애커먼이 말한 것처럼 나도 하나님께 가까이 나아가는 체험을 하고 싶다. 하나님 가까이 가서 그분 심장박동의 자장가를 듣고, 그분의 숨소리에 위안을 받고, 그분의 부드러운 팔에 포근하게 안기고 싶다. 감각을 무시하는 것은 성육신을 추상적 객체로 멀어지게 하는 것이나 다름없다. 안식일은 우리의 감각이 모든 속박에서 풀려나고, 일이라는 땀냄새 나고 기름이 번들거리는 세계와 결별하는 날이다.

:: **향연**

우리 부부는 안식일을 지키기 위해 서둘러 집으로 돌아왔다. 그날 우리는 퓨젯사운드 입구에서 물건을 사고 식당에서 점심을 먹었다. 2월이었지만 평년보다 기온이 높아서 날씨는 무척이나 포근했다. 우리는 항구의 냄새를 맡기 위해 꽤나 먼 거리를 걸어다녔다. 바닷바람은 상쾌했고 짠 소금기가 배어 있었다. 푸르른 공기에 소금 양념을 뿌려놓은 것 같았다. 우리는 많은 사람들이 푹신한 의자에 앉아 책을 읽고 있는 안단테 커피점을 흥미롭게 쳐다보면서 그 옆을 어슬렁거렸다. 당시 우리 부부 외에도 두 쌍의 부부가 우리와 함께 있었는데 한 쌍은 밴쿠버에서, 한 쌍은 브리티시 컬럼비아에서 주말을 맞아 우리를 찾아온 손님이었다. 그들은 우리와 함께 안식일을 지키고 싶어 했지만 안식일에 무엇을 할지 구체적으로 의논할 시간이 충분하지 않았다.

우리는 음반 가게에 들어갔고, 나는 두 부부에게 청소년기의 특별한 추억을 떠올리게 하는 음반을 한 장씩 고르라고 말했다. 생각보다 음반을 고르는 시간이 꽤나 오래 걸렸다. 아마 쉽게 고를 수가 없었던 모양이다. 그들은 재미있다는 표정을 지으면서 왜 음반을 고르라고 하는지 그 이유를 알고 싶다고 말했다. 나는 몇 시간 후면 안식일이 시작될 것이고 그런 기쁨의 날에는 재미있는 일들이 많이 일어난다고만 귀뜸해 주었다.

아내는 정성껏 푸짐한 식탁을 준비했다. 다채로운 채소 요리와 갓 구워낸 빵, 올리브가 상 위에 차려졌다. 수프에서는 맛있는 냄새가 났고 샐러드에는 집에서 만든 근사한 드레싱을 뿌렸다. 나도 곁에서 돕기는 했지만 음식을 만들었다기보다는 만들어진 음식을 식탁에 옮겨 놓는 데에 더 재주가 있었다. 우리는 음악을 틀어 놓고 음식을 먹으면서 이야기를 나누었다. 다 함께 설거지를 마친 후 우리 모두는 소파에 옹기종기 모여 앉아서 향기와 음악과 음료와 이야기를 즐겼.

어떤 사람은 파이프 담배를 피웠고 그 덕에 여러 색조의 담배 연기가 실내 공기를 부드럽게 에워쌌다. 커피와 홍차와 음료수까지 마시자 후

4장 축제의 한마당

식을 먹기에는 너무 배가 불렀다. 아직 이른 저녁이었고 모두가 아까 산 음반에 다시 궁금증을 나타냈다. 나는 우선 내가 쓴 안식일 책을 읽어주어도 괜찮겠느냐고 물었다. 우리는 안식일에 대한 이야기를 나누면서 우리가 그동안 안식일을 경시했고 안식일을 지키지 않고서도 용케(?) 하나님께 벌을 받지 않았다고 이야기했다. 그곳에 모인 부부 세 쌍 모두 안식일의 기쁨을 누려 본 경험이 별로 없었다.

안식일 이야기를 마치고 나는 그들에게 음반에서 한두 곡을 골라 그 노래나 가수와 관련된 특별한 추억이 있으면 이야기를 해보라고 했다. 우리는 서로 허심탄회하게 이야기를 나눌 수 있는 사이였지만 누구의 입에서 어떤 이야기가 나올지는 알 수 없었다. 그날 밤은 '신비롭다'는 말로밖에 묘사할 수 없을 것 같다. 하나님이 음악을 통해 자신의 삶을 만지셨던 놀랍고도 가슴 벅찬 이야기들이 하나씩 흘러나올 때마다 우리에게는 기쁨과 눈물과 웃음과 감사가 이어졌다. 그날 우리가 선택한 음악들은 신앙과 직접적인 연관이 없었지만 어쨌든 그 음악은 하나님으로부터의 도피, 그리고 하나님만이 이해하실 수 있는 마음속 깊은 갈망을 숨김없이 드러내고 있었다.

우리에게 그날은 잔칫날이었고 흥겨운 향연이었다. 그날 밤, 나는 베개에 머리를 묻으면서 던과 케티 부부, 피터와 데비 부부, 그리고 아내와 그날 하루를 함께했다는 사실이 마냥 기쁘고 뿌듯했다. 그들이 들려준 이야기들은 언젠가 우리 모두가 예수님의 잔치 자리에 참석할 순간을 고대하게 만들어 주었다. 기회가 된다면 다음에도 우리 캐나다인들끼리 모여 그런 뜻깊은 자리를 마련하고 싶었다. 안식일에 맛보는 기쁨은 단지 좋은 친구나 지인들과 한자리에 모여서만이 아니라(그런 모임은 다른 날도 얼마든지 할 수 있다) 완전히 하루라는 시간을 따로 떼어서 그 하루 동안 하나님 나라 잔치의 경이로움에 참여한다는 면에서 더욱 영광스러운 것이다.

데이비드 포드(David Ford)는 이렇게 말했다. "훌륭한 잔치를 즐기기 위해서는 모든 감각을 총동원해야 한다. 우리는 맛보고, 만지고, 듣고, 보고 냄새 맡는다. 그런 면에서의 구원은 명백하게 물질적이다. 우리의 감각을 통하여 무엇이든 이 세상을 풍요롭게 하는 데 일조하는 것이 있다면 그것은 잔치에서 절정을 이루는 구원으로 귀결될 것이다.…예수님은 사람들과 함께 식사하셨고, 결혼식과 연회에 참석하셨고, 잔치를 매우 중요하게 여기셨다.…함께 나누고 함께 흥겨워하는 그 두 가지 요소야말로 예수님의 모든 가르침과 행동 가운데 녹아 있는 진정한 가치일 것이다."¹⁴⁾ 예수님은 초강력 풍요로움의 대명사다. 그렇기 때문에 안식일은 일주일에 가장 풍요롭고 감각적인 기쁨을 맛보는 날이어야 하는 것이다.

에티오피아에서 우리 부부는 어느 안식일에 원데 목사의 집에 초대를 받았다. 그의 아내는 향료에 푹 절인 양고기를 요리했고 집 안은 말끔하게 청소가 되어 있었으며 마치 왕이라도 접대하는 듯 만반의 준비가 되어 있었다. 우리 부부가 막 그 집에 도착했을 때 원데 가족이 환호하던 모습은 두고두고 잊을 수가 없다. 현관문이 열리자마자 아이들은 호기심 가득한 눈망울로 낯선 방문객을 보기 위해 우리 주변에 몰려들었다. 우리는 원데 식구들의 대대적인 환영을 받으며 맛있는 냄새가 코를 찌르는 풍성한 식탁으로 안내되었다. 차려진 음식들을 보니 족히 한 달 식비는 투자한 것 같았다.

4장 축제의 한마당

그들이 치른 값진 희생은 그들이 느끼는 기쁨의 일부이기도 했다. 우리가 할 수 있는 답례는 그저 그들의 기쁨에 동참하는 것뿐이었다. 과분한 대접을 받아 감사하고도 송구하다는 마음을 전하는 것 외에는 그들에게 보답할 길이 없었다. 예수님은 대표적인 잔치 예찬론자셨다. 예수님이 식탁을 중심으로 나누셨던 모든 음식과 즐거움은 앞으로 다가올 영원한 하나님 나라의 잔치를 상징했다. 우리 역시 함께 먹고 마시면서 언젠가 예수님을 상석에 모시고 벌일 풍요로운 잔칫날을 고대해야 한다.

> 안식일이라는 날은 하나님 아버지가 자녀들을 대접하면서 바로 저런 사랑의 언어를 들려주는 날이 아닐까?

그날 밤 우리는 원데 가족과 함께 저녁을 먹었다. 종말론과 천국 잔치에 대해서도 주님의 성만찬에 대해서도 이야기하지 않았지만 우리 모두는 주님의 기쁨 가운데 먹고 마셨으므로 바로 그것이 성만찬이요 천국 잔치의 축소판이었다고 생각한다.

원데 목사는 식사를 하는 중에 자기 자녀들에 대해 이야기했다. 아버지가 아이들 한 명 한 명의 용기와 지혜와 선행을 칭찬하는 동안 아이들의 얼굴에는 해맑게 미소가 번져 나갔다. 나는 그렇게 아이들을 대견해하고 마음껏 칭찬하는 아버지는 본 적이 없었다.

나 역시 그들의 미소에 흠뻑 젖어들면서 만약 내게도 저런 아버지가 있다면 어땠을까 하는 생각을 떨쳐 버릴 수가 없었다. 안식일이라는 날은 하나님 아버지가 자녀들을 대접하면서 바로 저런 사랑의 언어를 들려주시는 날이 아닐까? 그렇다. 안식일은 성삼위 하나님께서 예수님의 사랑을 흠뻑 받아 보라고 우리를 위해 만들어 주신 우리의 날이다.

5장
거룩한 놀이

하나님의 경제학에서는 일과 놀이의 구별이 따로 없다. 하나님이 이 세상을 창조하신 것은 무엇이 부족하거나 필요하거나 외로워서가 아니셨다. 아무런 필요나 이유도 없이, 그러니까 순전히 기쁨을 위해 창조하신 것이다. 위르겐 몰트만의 설명을 들어 보자.

> 아이답지 않은 아이의 질문에 믿음은 아이처럼 대답한다. 그리고 신학의 예지는 하나님의 자녀가 누리는 해방감으로 끝을 맺는다. 무(無)가 아니라 유(有)가 존재한다는 명제를 증명할 결정적 단서는 없다. 이 세상이 존재할 필요는 없었다.…[하나님이] 신(神)이 아니고 무(無)가 아닌 무언가를 창조하셨다면 그건 분명 그 자체 때문이라기보다는 하나님의 **선한 의도**나 **기쁨**을 위해서였을 것이다. 그러므로 창조는 하나님의 놀이, 그분의 불가사의하고 측량할 수 없는 지혜의 놀이인 것이다. 창조는 하나님이 그분의 영광을 나타내신 영역이었다.[1]

이 세상이 창조된 이유는 하나님 때문이다. 물론 충분한 설명이 되지는 못하지만 어쨌든 그 사실은 우리가 안식일을 어떻게 보내야 하는지를 고민하게 만드는 출발점이라고 볼 수 있다. 안식일은 우리가 어떻게 살아야 하는지 그 윤곽을 가장 뚜렷하게 그려 주는 까닭이다.

안식일은 노는 날이다. 늘 되풀이하던 일을 놓고 잠시 쉰다는 의미가 아니다. 이 세상을 창조하고 자신의 영광을 드러내신 하나님에 대한 사랑, 오로지 사랑을 위해 영광을 허락하신 하나님의 창조적 사랑의 풍성함을 즐거워하는 잔치이기 때문에 쉰다는 것이다. 여기서 거론되는 문제는 일과 노는 것의 구별이다.

대부분 안식일은 쉬는 기회라고 생각한다. 일손을 놓거나 일에서 떠나 휴식하는 것이다. 그렇다면 엿새간의 창조가 하나님께 너무도 힘들고 고된 일이어서 하루를 쉬며 몸과 마음을 회복하셔야 했다는 말인가? 한숨 돌리고 난 다음에야 죄지은 아담과 하와를 위한 구속의 역사를 계획하실 수 있었을까? 정말로 하나님은 그렇게 정신없이 바쁘신 분인가?

우리는 우리 식으로 하나님을 바라본다. 특히 안식일 문제에서는 더 그렇다. 하나님이 우리를 그분의 형상대로 빚고 만드셔야 하는데 우리는 우리 형상대로 하나님을 우상화해서 인간적 잣대를 들이대고 있다. 안식일은 일을 쉬는 날이 아니라 우리가 어떻게 일하고, 왜 일을 하고, 일을 통해 어떻게 자유를 만들어 내는지를 재정립하는 날이다.

> 안식일은 일을 쉬는 날이 아니라 우리가 어떻게 일하고, 왜 일을 하고, 일을 통해 어떻게 자유를 만들어 내는지를 재정립하는 날이다.

출애굽기 20장에 나오는 인류 최초의 율법에서는 안식일을 창조의 시각에서 기억하라고 말한다. 두 번째로 주신 율법에서는 안식일을 지키고 출애굽을 기억하는 것이 안식일을 거룩하게 지키는 이유라고 이야기한다.

> 네 하나님 여호와가 네게 명령한 대로 안식일을 지켜 거룩하게 하라. 엿새 동안은 힘써 네 모든 일을 행할 것이나 일곱째 날은 네 하나님 여호와의 안식일인즉 너나 네 아들이나 네 딸이나 네 남종이나 네 여종이나 네 소나 네 나귀나 네 모든 가축이나 네 문 안에 유하는 객이라도 아무 일도 하지 못하게 하고 네 남종이나 네 여종에게 너같이 안식하게 할지니라. 너는 기억하라. 네가 애굽 땅에서 종이 되었더니 네 하나님 여호와가 강한 손과 편 팔로 거기서 너를 인도하여 내었나니 그러므로 네 하나님 여호와가 네게 명령하여 안식일을 지키라 하느니라(신 5:12-15).

안식일을 지키는 이유는 구원의 역사(출애굽)로 인해 **새로운 백성이 되어** 온 땅과 민족을 축복할 것이라는 아브라함과의 약속이 이루어졌기 때문이다. 바로 그러한 구원의 역사, 풍족하게 넘치도록 쏟아부으시는 하나님의 자비와 영광으로 가득한 역사가 이루어진 날이기에 안식일을 지키는 것이다. 그렇기 때문에 놀이를 이해하지 못하면 안식일이 어떤 날인지를 이해하지 못하게 된다.

:: **자유를 주는 놀이**

놀이는 신학에서 환영받는 연구 주제가 아니다. 놀이를 연구한다는 것은 농담을 연구한다는 것만큼이나 신학자들에게는 어설프게 들린다.

어떻게 놀이를 하면서 연구한다는 말인가? 놀이는 보통 유년 시절에나 하는 것으로 사람들은 생각한다. 아니, 어떤 사람들은 유년 시절에조차 제대로 놀지 못한다. 그래서 사람들은 어떻게 놀아야 하는지를 모른다. 성인이 된 후에 놀이를 배우려면 먼저 어린아이들이 어떻게 노는지를 지켜볼 필요가 있다.

기회가 되면 당신의 자녀나 다른 아이들이 노는 모습을 유심히 관찰해 보기 바란다. 아이들이 하는 놀이나 게임에는 나름의 규칙이 있다. 하지만 그 규칙은 계속해서 바뀐다. 아이들은 놀이나 게임을 하다가 서로 다투거나 싸우기도 하지만 규칙을 바꾸거나 다른 아이들과 놀거나 다른 놀잇감을 추가하는 등의 적응 과정을 통해 스스로 문제를 해결한다. 한 명이 특출하게 게임을 잘하는 경우에는 그 아이에게 더 어려운 규칙을 적용해서 모든 아이가 평등하게 게임을 즐길 수 있도록 한다. 물론 게임의 목표는 이기는 것이지만 기본 틀을 지키면서도 언제든지 새롭고 기발한 방법을 시도하여 최대한 즐거움을 만끽하는 것이 아이들 놀이의 궁극적인 목표이기도 하다.

아이들 놀이를 관찰해도 잘 모르겠다면 카리브해 연안에 가서 스노클링(수심이 얕은 곳에서 물대롱만 입에 물고 잠영을 즐기는 레포츠—역주)을 하며 물고기들의 색깔과 모양과 크기와 돌아다니는 모습이 얼마나 다채롭고 다양한지를 살펴보라. 다양성을 좋아하시는 하나님의 취향은 각기 다른 형태의 바윗돌에서도 엿볼 수 있다. 마치 하나님이 화폭에 여러 가지 색깔을 찍어 넣은 뒤에 그 화폭을 양쪽으로 잡아당겨서 색깔이나 모양이나 이미지가 어떻게 나오는지를 실험하신 듯한 느낌이 들지 않는가? 창조와 자유와 미래와 놀이 간의 상호작용을 연구했던 신학자 위르겐 몰트만은 이렇게 말했다.

다를 수 있고 달라야 하는 것들과 논다는 기대감이 있을 때 우리는 자유로움을 느낀다. 그 과정에서 우리는 불변하는 정체 상태의 고리를 풀어 놓게 된다.…게임은 예술만큼이나 의미심장하다. 말하자면 우리의 평범하고 일상적인 환경에 맞서는 '반(反)환경적'인 것을 조성하여 창조적인 자유와 미래의 대안을 열어 놓는 것이다. 단순히 과거로부터 잠시 도피하기 위해 과거하고만 놀면 안 된다. 미래를 알기 위해서 더욱더 미래와 놀아야 한다.[3]

인간이 아닌 생물 세계에서도 놀이는 생존의 일부라고 할 수 있다. 다이앤 애커먼은 "생존을 위해 많이 배워야 하는 동물일수록 많이 논다"고 말했다.[3] 인간은 과거에서 배우고 그 배운 것으로 미래의 가능성을 열어 감으로써 적응력을 얻는다. 모든 놀이의 핵심은 이미 아는 것(과거)와 앞으로 일어날 것(미래)을 연관 짓는 것이다. 즉 위험을 감수하고, 실패하고, 재창조할 수 있는 자유로움 가운데 앞으로 만들어질 것을 과거와 연결시키는 것이 놀이의 핵심인 셈이다. 농구를 하건 신학대학원에 입학하건 그 사실은 언제나 변함이 없다.

안식일은 여성과 남성, 노예와 자유인, 이방인과 귀족 간의 평등을 만들어 낸다. 왜냐하면 우리 모두는 한때 노예였으나 하나님의 은혜로 자유인이 되었기 때문이다. 아마도 그래서 우리는 노는 것을 싫어하고 고된 일거리를 더 좋아하는지도 모른다. 말하자면 자유가 두려워서다. 속으로는 자유를 갈망하지만 그 자유를 누리기 위해 필요한 개방성, 취약성, 실패의 가능성은 두려워한다.

5장 거룩한 놀이

:: 위험한 놀이

다이앤 애커먼은 「심원한 놀이」(*Deep Play*)라는 책에서 **놀이**라는 단어의 어원을 설명했다. "인도 유럽어로 '플레간'(plegan, 놀이를 뜻하는 단어)은 위험에 노출되거나 위험을 무릅쓴다는 의미가 있다. 서약 혹은 맹세를 뜻하는 'pledge'는 노는 행위, 즉 위험한 행위를 뜻하기도 한다〔'peril'(위험, 모험)과 'plight'(곤경, 궁지)와도 어원이 같음〕. 놀이의 원래 목적은 어떤 사람이나 사물에 자신의 생명을 걸고 맹세하는 것이다."⁴⁾ 그런 면에서 본다면, 패배나 위험 부담 요소가 없다면 이미 그건 놀이가 아닌 셈이다.

놀이는 힘을 재분배하여 예기치 못한 일과 생각지 못한 일에 의해 정형(定形)의 틀에서 벗어날 수 있는 기회를 제공한다. 그 예로 스포츠를 주제로 한 영화들은 예외 없이 낙오자가 예상을 뒤엎고 승자가 되는 과정을 그려 나간다. 예상했던 승자가 다시 정상에 오르는 것보다는 그와 같은 극적 반전이 더 흥미를 자아내는 법이다.

노력에 쏟은 땀은 배신하지 않는다. 스포츠 영화에서는 강자로 나오는 선수들이 보통 승리감에 취해 거만하게 굴면서 상대 선수들을 업신여긴다. 영화를 보는 관객들은 그런 거만한 선수들을 얄밉게 느끼면서 상대적으로 멸시당하는 선수들에게 연민을 느낀다. 멸시당하는 선수들이 관객에게 던지는 메시지는, 필요한 것을 얻기 위해 타협하고 고개 숙였던 압제 권력에 대항하여 떨치고 일어나라는 것이다.

여기에서 한 가지 아이러니가 있다. 영화에서는 멸시당하는 쪽을 좋아하면서도 막상 자기 자신이 그런 존재가 되는 것은 원치 않는다는 것이다. 자신은 오히려 돈 많고 권력 있는 특권층이 되고 싶어 한다. 그러면서도 멸시당하는 사람들과 자신을 동일시한다. 어차피 현실은 승패가 갈리는 경기가 아니기 때문에 현실의 모순에 맞서기보다는 자신의 처지를 영화 속 주인공이나 운동 경기에 투사해 보는 것이다.

어떤 친구가 당신에게 이런 질문을 했다고 가정해 보자. "앞으로 3년밖에 살지 못한다면 너는 무엇을 가장 하고 싶고, 무엇을 가장 알고 싶고, 무엇을 남에게 주고 싶니?" 자, 당신은 무어라고 대답하겠는가? 상당히 곤란한 질문이다. 그런 질문을 받으면 무슨 대답을 해야 할지 난감해진다. 그런 것을 진지하게 생각해 보는 사람도 많지 않거니와 진지하게 생각할 시간도 없다. 솔직히 말하자면 우리는 그런 질문을 받고 싶지도 않고 그런 생각을 떠올리기도 싫다. 부양 가족이 있고, 갚아야 할 주택자금 대출이 있고, 보고 싶은 텔레비전 프로그램이 있는데 3년밖에 살지 못한다니…. 어깨에 걸머신 인생의 무게 때문에 우리는 가급적 모험을 피하고 다른 사람이 하는 모험을 즐기며 만족하려고 한다.

놀이가 진정 모험이라면 놀이는 절대 오락이 될 수 없다. 그렇다면 놀이는 안전지대를 박차고 일어나서 미지의 세계로 뛰어들라는 더 높은 차원의 초청이라고 할 수 있다. 나 개인적으로는 산뜻하면서도 진실하고 거칠면서도 신비로운 것들을 추구하고 싶다.

> 안식일은 다른 평일보다 더 위험하고 위태롭다.

안식일이 놀이의 최정상에 있는 게 사실이라면 추락의 높이는 그만큼 더 높아진다고 말할 수 있다. 다시 말해서 안식일은 다른 평일보다 더 위험하고 위태롭다는 말이다. 하나님이 창조하신 만물 가운데서 전신의 감각을 총동원하여 성삼위 하나님의 두렵고 떨리는 임재 가운데 노는 것이 어찌 위험하지 않겠는가!

5장 거룩한 놀이

:: **놀이하시는 하나님**

안식일 수업을 듣는 학생들에게 안식일에 무엇을 해야 한다고 생각하느냐고 질문하면 돌아오는 대답은 한결같이 "조용하게 지내고, 성경을 읽고, 기도하고, 하나님을 생각해야 합니다"였다. 어떤 면에서 그런 생각은 거의 이단에 가깝다고 할 수 있다. 이단은 명백하게 진리에서 벗어나는 게 아니라 진리로 오인할 만큼 교묘하기 때문에 더 위험한 것이다. 하나님과의 놀이는 러시안 룰렛(회전식 연발총에 총알 한 개만 장전하고 머리에 총을 겨누어 방아쇠를 당기는 게임—편집자 주)만큼이나 위태위태하다. 목숨을 건 내기이기 때문이다. 루이스(C. S. Lewis)는 그 사실을 다음과 같이 묘사했다. "도둑 놀이를 하고 있던 아이들이 갑자기 조용해지는 순간이 있다. 방금 현관에서 난 소리, 혹시 진짜 사람 발자국 소리는 아닐까? ('하나님을 찾는 인간' 운운 하며) 그저 종교를 가지고 장난쳐 왔던 사람들이 갑자기 뒤로 움찔 물러서는 순간이 온다. 생각해 보라. 우리가 정말 하나님을 만나게 된다면?…아니 더 나쁜 경우로, 만약 그분 편에서 친히 우리를 찾아오셨다면?"[5]

벨든 레인(Belden Lane)은 하나님이 어쩌면 정말로 놀기 좋아하는 분일지 모른다는 두렵고도 흥미로운 명제를 제안했다. 우리가 하나님을 느끼지 못하는 것은 어쩌면 하나님이 "아이들과 술래잡기 놀이를 하는 엄마처럼 장난 삼아 숨어 있거나 상대의 애간장을 태우는 연인들처럼 사랑하는 사람을 피해 있기 때문인지도 모른다. 때로 하나님은 사랑을 위해 짓궂은 장난을 하신다. 하나님의 존재를 느끼지 못하게 하거나 숨어 있는 이유는 사랑하는 이에 대한 갈증을 더 크게 만들고 다시 만났을

때의 기쁨을 증폭시키기 위해서다."⁶⁾

하나님이 동산에서 떠나셔야 했던 것은 굉장한 타격이었다. 루이스가 말한 것처럼, 잔인하고 야비한 하나님의 게임에서 인간이 장난감 취급을 당한 것만 같은 두려움을 일으킨다. 하지만 욥기를 보면 이야기가 달라진다. 하나님 앞에서 어슬렁거리던 사탄은 하나님을 상대로 내기를 제안했다. 비록 그것이 작가가 꾸며낸 이야기라고 해도 일반 상식을 깨는 허무맹랑한 이야기에는 틀림없다. 그래서 우리는 하나님이 연관된 놀이를 멀리하고 확실하고 증명된 놀이만 좋아하는지도 모른다. 하나님과 하는 놀이는 너무 위험하고 예측할 수 없기 때문에 불안한 까닭이다.

벨든 레인은 하나님과의 놀이가 정신을 바짝 차리게 만드는 동시에 자유를 부여한다고 주장했다.⁷⁾ 그것은 진정한 놀이의 불가사의한 면이기도 하다. 우리가 놀이의 세계로 들어가기 위해서는 다른 모든 것을 떨쳐 버리고 누군가 혹은 무엇인가에 자신을 온전히 내어 맡겨야 한다. 말하자면 그것은 서약인 동시에 배반인 것이다.

테니스 경기에서 서브를 주고받는 모습을 상상해 보라. 테니스 선수들은 먼저 상대방의 발동작을 유심히 지켜본다. 상대가 테니스공을 공중으로 띄울 때 그것을 코트 모서리로 보내려고 하는지 코트 가운데로 보내려고 하는지를 짐작할 만한 단서를 찾아내려고 애쓴다. 계속 몸을 움직이면서 공을 유심히 보다가 어떤 방향으로 오든지 재빨리 응수할 준비를 하고 있어야 한다. 그 상태에서 공의 방향을 단정 지으면 안 된다. 공이 회전을 하면서 모서리 쪽으로 날아올 때는 재빨리 그쪽으로 달려가야 하지만 동시에 공이 바닥에 닿는 순간 오른쪽으로 튀어오를 것까지 감안해야 한다. 그 순간에는 주변에 있는 모든 것—아이들이 테니

스장 밖에서 돌을 차며 노는 소리, 오른쪽으로 몸을 구부릴 때 무릎이 삐걱대는 소리 등—에 완전히 신경을 끄고 상대방 코트 라인에 바짝 공을 붙일 수 있도록 온몸의 힘과 정신을 집중해야 한다. 상대가 점수를 쉽게 따내려고 네트 가까이 달려오는 모습이 보인다면 더 멀리 공을 보내야만 한다.

무수한 실패를 거듭한 뒤에 오로지 끈기와 열정으로만 성공하는 것이 모든 놀이의 핵심이다.

그런데 실제로 그런 생각을 하나하나 하면서 테니스를 친다면 공에 손도 대 보지 못할 공산이 크다. 무수한 실패와 훈련을 반복하면서 본능적으로 몸이 그렇게 반응하도록 만들어야 한다. 놀이는 실패다. 무수한 실패를 거듭한 뒤에 오로지 끈기와 열정으로만 성공하는 것이 모든 놀이의 핵심이다. 인내와 열정을 갖게 하기 위해서 하나님은 술래잡기 놀이를 하는 엄마처럼 숨어 우리 안에 두려움이 일어나기를 기다리셨던 것이다.

아이는 엄마가 자기를 찾아 주기를 바란다. 아이가 엄마 없는 상황을 어느 정도나 참고 기다릴 수 있는지 엄마들은 알고 있다. 아이가 참을 수 있는 능력의 한계를 벗어나서 두려움에 휩싸이기 전에 엄마는 재빨리 아이 앞에 나타나야 한다. 두려워하는 상황에 이르러도 엄마가 안 나타나는 것이 도움이 될 때가 언제인지를 엄마들은 알고 있다. 하나님도 우리의 연약함과 용기를 아시기에 두 가지 상황을 결코 혼동하지 않으신다. 우리가 원하는 것을 하나님이 단번에 들어주시기를 바랄 때, 하나님은 어떻게 우리를 위로하고 무엇을 해야 할지를 정확하게 알고 계신다. 무엇보다 하나님은 일체감의 승리를 위해 놀이를 하신다. 우리가 가장 바라고 소원하는 것은 뭐니뭐니 해도 하나님과 하나 되는 것이기 때문이다.

모든 놀이는 승리가 아니라 하나로 연합되는 것을 추구한다. 갈라진 자들이 화해하고 그것을 축하하는 것이 놀이다. 그러기 위해서는 엄청난 집중력뿐만 아니라 커다란 손실이 요구된다. 다른 일들을 모두 포기하지 않는다면 한 가지에 집중하기는 힘들어지기 때문이다.

독서를 하지 않고 어떻게 글을 쓸 수 있겠는가? 해야 할 일이 산더미인데 시간을 구별하지 않고 어떻게 독서를 할 수 있겠는가? 책 속의 글에 집중하거나 카메라를 들고 나뭇가지 위의 새를 찍으려 할 때 내가 원하는 순간을 포착해 낼 수 있을지를 어떻게 알 수 있겠는가? 심지어 집중하는 일에도 모험이 따른다. 기다려야 하기 때문이다. 나는 앉아서 책을 읽고 기다린다. 의미를 찾기 위해 노력하면 할수록 내가 읽은 내용은 더 화석처럼 새겨신다. 더 멋진 장면을 촬영하기 위해 카메라 앵글을 맞추지만 새가 화려한 깃털을 펼치는 순간을 놓치는 경우가 허다하다.

움직이면 실패한다. 앉아 있으면 렌즈가 나뭇가지에 가린다. 놀이의 특성은 남보다 우월하고 싶은 욕심이 덧없고 허황되다는 사실을 보여 주는 것이다. 우리에게는 신비에 대한 욕구가 있기 때문에 자신이 쓴 글에 자부심을 느끼거나 자신이 찍은 사진이 괜찮다고 생각할 때까지 움직이고 기다리고 흥미를 느끼는 것이다.

:: **힘을 얻는 놀이**

나는 10년 넘게 낚시를 즐기고 있는 낚시광이다. 대학원 설립도 좋지만 나 홀로 있는 시간이 필요했기 때문에 낚시를 하게 되었다. 낚시가 없었다면 대학원 설립 기대가 무너졌을 때의 좌절감을 회복하기 힘들었을 것이다. 누군가 나에게 좌절감을 극복할 수 있는 특별한 은사를 준다면 모르겠지만.

낚시를 시작하고 처음 몇 년간 정말 짜릿한 순간들이 있었다. 내 멘토 중의 한 명과 콜로라도 아스펜 부근의 프라잉팬 강에서 플라이 낚시를 하고 있을 때였다. 완만한 굴곡을 이루던 강이 한 지점에서 꺾어져 내리는데 그곳은 물살이 너무 세서 낚시에 적합하지 않아 보였다. 우리는 평평한 지점을 찾아 천천히 강을 거슬러 올라갔다. 그가 잠시 화장실에 다녀오고 싶어 했기에 나는 그 자리에 멈추어 서서 중간 크기의 바위가 있는 강 중앙을 쳐다보았다. 바위 바로 뒤에 낚시를 하기에 적합할 정도로 잔잔하게 물이 고여 있는 지점이 눈에 들어왔다. 나는 빨리 낚시를 해 보고 싶은 마음에 우선 낚싯줄을 드리워 보기로 했다. 그 순간에는 오로지 물고기를 잡아 보겠다는 일념밖에 없었으니까.

나는 낚싯줄을 풀고 바늘에 미끼를 달아 물 위에 쉽게 뜰 수 있도록 했다. 속으로는 그러고 있는 내 자신이 마냥 우스워 죽을 지경이었다. 그 좁은 곳에서 무슨 낚시를 하겠다고, 물고기가 그 밑에 얌전히 앉아 있다가 덥석 물어 주기라도 한단 말인가. 처음 던진 낚싯줄이 물살을 가르며 내가 원하는 정확한 지점에 떨어졌다. 그런데 바로 그 순간, 기다렸다는 듯이 물고기 한 마리가 내가 던진 미끼를 잡아채는 것이 아닌가! 얼마나 세게 뛰어올라 미끼를 물었던지 낚싯대와 릴과 미끼가 고기와 함께 모조리 끌려들어갈 것만 같았다. 나는 당황해서 어찌할 바를 몰랐다. 한 번도 그런 물고기를 다루어 본 적이 없었기 때문이었다. 물고기는 철썩거리다 근처의 작은 폭포수 밑으로 떨어지고 다시 튀어오르는 동작을 반복하면서 15분간이나 애를 먹었다.

볼일을 마치고 돌아온 나의 멘토는 그 광경을 보자 입을 다물지 못하면서 나만큼이나 흥분을 감추지 못했다. 아니 내가 그 순간에 느끼는 재미나 짜릿함보다 더한 흥분을 느끼고 있는 듯했다. 그의 얼굴에 나타난 기쁨은 내가 잡은 강물 속 물고기보다 나를 더 기분 좋게 만들었다. 언젠가 몬태나의 시냇가에서 장인어른이 잡으셨던 물고기 역시 지금도 나를 흐뭇하게 만드는 잊지 못할 추억이다. 지난 여름 우리 아들이 잡은 물고기는 더욱 잊을 수가 없다. 하마터면 6미터나 되는 낭떠러지 아래로 추락할 위험을 무릅쓰고 우리 부자는 겨우겨우 그 물고기를 끌어올렸다. 낚시를 다니는 동안 물에 빠져 죽을 고비를 넘긴 적도 여러 번이었다. 뉴질랜드에서는 저체온증으로 고생을 했고, 인적 없는 시골길을 터벅터벅 걸어다녀야 했지만 나른 사람의 기쁨에 동참하는 것만큼 나를 기쁘고 가슴 벅차게 만드는 일은 이 세상에 없었다.

무엇보다도 큰 기쁨은 다른 사람이 기쁨을 느끼도록 내가 작은 보탬이라도 되었을 때다. 남이 기쁨을 느끼도록 해주는 것이야말로 기쁨을 주는 사람이나 받는 사람 모두에게 새로운 힘을 얻게 한다. 아울러 그것은 곧 풍요로운 세상을 창조해 주신 창조주 하나님께 우리가 드리는 정성 어린 선물이기도 하다.

내가 아는 사람 중에 대나무를 잘라서 멋진 지팡이를 만드는 장인이 있다. 그가 한 번은 어떤 유명한 대나무 지팡이 기술자의 이야기를 들려주었다. 그 지팡이 기술자는 다른 초보 기술자들에게 자신의 비법을 절대로 전수하지 않았다고 한다. 그가 만드는 지팡이는 매우 정교하고 흠이 없었기 때문에 그는 많은 돈을 벌어 큰 부자가 되었다. 하지만 문제는 그 지팡이가 부러지면 고칠 사람이 없다는 것이었다. 그가 철저하게 자기 기술을 비밀에 부친 까닭이었다. 결국 그의 지팡이는 시장 가치를 잃어버렸고 시간이 지나면서 그의 상품을 사 가는 사람들도 줄어들었다. 하지만 내가 아는 그 장인은 지팡이 기술을 배우고 싶어 하는 사람들에게 얼마든지 자신의 기술을 전수해 주었고 사람들이 좋아하는 모습에 큰 희열을 느꼈다. 더 큰 성장과 성숙을 위해 자신이 가진 것을 나누는 사람은 새로운 힘을 얻는다. 그것이 안식일의 방식이다.

:: **안식일 놀이**

안식일은 하나님의 기쁨을 바라보고 맛보기 위해 하나님이 창조한 만물의 감각적인 아름다움 속에서 함께 노는 날이다. 아브라함 헤셸은 안식일이 "불꽃놀이를 하거나 공중제비를 하는 날이 아니라 넝마가 된 자신의 삶을 깁는 날이며, 흩어지는 게 아니라 모이는 시간이다"라고 말했다.[8] 주중에 되풀이했던 바쁘고 고된 일과를 멈추고서 그저 편안한 마음으로 휴식을 취하기만 해도 우리는 안식일에 가까이 다가설 수 있다. 그런 휴식은 분명 바람직한 일이지만 그것만이 안식일의 전부는 아니다. 나름대로 안식일을 잘 지켰다고 자부했는데 그것이 사실은 전부가 아니었다면 우리는 어떻게 해야 할까?

우리는 안식일에 잘 노는 법을 배우기 위해 실패도 불사할 각오를 해야 한다. 어느 미혼 여성은 안식일에 친구들을 자신의 아파트에 초대했다고 한다. 그녀는 친구들에게 재미있는 게임을 하자고 제안했다. 사람들을 두 팀으로 나누어서 각각 다른 방으로 들어가 각자 자신이 당했던 황당한 일을 하나씩 이야기하고 그 일들을 하나로 엮어 그럴듯한 이야기를 꾸며내는 것이었다.

결과는 대실패였다. 어떤 사람은 자기 이야기를 하지 않으려 했고, 어떤 사람들은 이야기를 엮지 않으려고 했다. 그 자리에 참석했던 한 사람은 "안식일을 함께 지키자고 해서 저는 같이 기도나 뭐 그런 걸 할 줄 알았어요. 그런 유치한 게임을 하리라곤 생각도 못했죠"라며 투덜거렸다. 창의력을 발휘하려면 바보가 되는 일도 불사해야 한다. 남들이 다 하는 일만 따라 하면 최소한 바보가 될 걱정은 없다. 그래서 우리는 위험을 감수하며 노는 것보다 그저 편히 쉬려는 게 아니겠는가!

우리가 좀더 생명력 넘치는 기쁨을 추구한다면 우리는 안식일의 심장에 더욱 가까이 다가가야 한다. 사실 알고 보면 매우 간단한 원리다. 우리는 알려고 노력하는 만큼 더 하나님을 알게 된다. 그러나 노력하는 만큼 우리 여정도 험난해질 것이다. 그저 조금 쉬는 것으로 만족하는 한 안식일의 온전한 유산은 답보 상태에 놓일 것이다.

어느 안식일에 가까운 친구와 함께 숲속을 산책한다고 생각해 보라. 체면치레로 겉도는 말이나 할 사이가 아니기 때문에 두 사람의 산책은 느긋하고도 평화로울 것이다. 아니면 그동안 쌓인 회포를 푸느라 갖가지 이야기보따리가 풀어질지도 모른다. 만일 상대가 안식일의 의미를 제대로 이해하는 사람이라면 어느 순간 하나님이 두 사람의 대화에 끼어드실지도 모르고 아니면 숨어서 숨바꼭질 놀이를 하실지도 모른다.

내게도 그런 안식일의 경험이 있다. 필라델피아의 한 신학대학원에서 교수로 일하는 친구와 어느 초봄의 나른한 오후를 함께 보낸 적이 있었다. 그 친구는 엘리엇(T. S. Eliot)의 시 한 구절을 내게 암송해 주었다.

5장 거룩한 놀이

사월은 가장 잔인한 달

죽은 땅에서 라일락을 키워 내고

추억과 욕정을 뒤섞고

잠든 뿌리를 봄비로 깨운다.

겨울은 오히려 따뜻했다.

잘 잊게 해주는 눈으로 대지를 덮고

마른 구근으로 약간의 목숨을 대어 주었다.⁹⁾

나는 친구에게 왜 이 시를 암송하느냐고 물었다. 그리고 우리는 거의 두 시간 동안 4월의 잔인함에 대해, 겨울의 죽음이 주는 위안에 대해, 초대받지 않은 욕구를 일깨우는 공포에 대해 이야기했다. 그때 처음으로 나는 그 친구에게 우리 아버지의 죽음과 그 그늘이 여전히 내게 남아 있는 것 같다는 이야기를 털어놓았다. 비록 33년이나 지난 일이지만 지금도 그때 그 친구와의 긴 산책이 기억에 생생하게 남아 있다. 바로 어제, 우리 부부는 안식일의 산책을 하면서 장인어른의 2주년 기일을 맞아 또다시 봄의 잔인함을 맛보았다. 우리 가슴속에는 한 번도 아버지라고 불러 보지 못한 아버지에 대한 그리움과 갈망이 타오르고 있었다. 보슬비가 내리는 흐린 안식일에 우리 부부는 이끼로 덮인 죽은 나무 등걸에 앉아서 하늘의 아버지께 우리와 함께 놀아 달라고 간구했다.

빗속에서 지루할 만치 오랜 시간을 기다렸지만 하나님은 끝내 우리에게 오지 않으셨다. 일어나서 막 자리를 뜨려고 하는데 아내가 내 오른쪽을 가리켰다. 우리가 있는 곳에서 30미터 정도 떨어진 한 나무 위에 올빼미 한 마리가 앉아 있었다. 마치 재판관 솔로몬 왕이 두 눈을 부릅

뜨고 심판대 위에서 나를 내려다보는 듯했다. 잠시 후에 올빼미는 하늘로 날아올랐다. 큰 날개를 활짝 펴는 순간 하늘이 온통 날개로 가득 차 보였다. 우연이었을까, 아니면 하나님이 보여 주신 애정 표시였을까, 그것도 아니면 그냥 자연 현상의 일부였을까? 정답은 나도 모른다. 하지만 어쨌든 나는 4월의 잔인함 가운데 하나님 아버지가 주신 뜻하지 않은 선물에 기뻐하고 있었다.

하나님의 동산에서 노는 일이 안식일마다 똑같지는 않을 것이다. 집 안에서 책을 읽거나 벽난로의 불을 쬐며 보내는 안식일도 많을 것이고, 강가에서 유유히 헤엄치던 송어가 낚시꾼의 손에서 아슬아슬하게 빠져나가는 광경을 지켜보는 일요일도 있을 것이다. 하지만 안식일이 죽음과의 정면

> 안식일은 죽음의 존재를 부인하지 않지만 그보다는 생명이 있음을 더욱 즐거워한다.

대결이며 패배자의 도전이라는 사실을 잊어서는 안 된다. 안식일은 죽음의 눈을 응시하며 "사망아, 네가 쏘는 것이 어디 있느냐"(고전 15:55)라고 호통친다.

안식일은 죽음의 존재를 부인하지 않지만 그보다는 생명이 있음을 더욱 즐거워한다. 안식일은 죽음이 기쁨을 뒤틀거나 사랑을 왜곡할 힘이 없는 것처럼 행동한다. 안식일은 아이 같은 단순한 믿음을 발휘하여 틈만 보이면 놀이를 방해하고 기쁨을 헐뜯으려는 훼방꾼을 물리치고자 한다. 2부에서는 안식일이 불화에서 평강으로, 결핍에서 풍요로움으로, 죽음에서 기쁨으로 하나님이 재창조하시는 날이라는 사실을 살펴보도록 하겠다.

5장 거룩한 놀이

2부

안식일의 목적

6장 불화를 이기는 평강

7장 결핍을 이기는 풍요로움

8장 절망을 이기는 기쁨

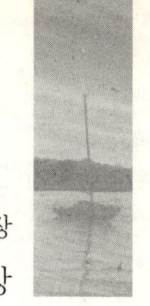

6장
불화를 이기는 평강

나는 한 젊은 목사와 나흘간 8시간에 걸친 상담을 막 끝냈다. 그들 부부는 이혼을 생각하고 있었다. 이혼이 넘쳐나고 소송이 흔해진 세상이지만 그가 당하는 마음의 고통은 이루 말할 수 없었다. 결혼 초기에 갈등을 해소해 주었던 신앙의 힘을 상기하면서 나는 그들 부부가 잘될 거라고 나름 큰 기대를 걸고 있었다. 하지만 결국 그의 아내는 이혼 서류에 도장을 찍었고 그는 혼자가 되었다. 그가 내게 했던 질문은 "이런 괴로움을 안고 어떻게 하나님이 주신 목회의 사명을 감당할 수가 있겠습니까?"였다.

내가 그와 비슷한 나이였을 때 한 선배에게서 같은 질문을 받은 적이 있다. "하나님이 베푸신 잔치에 이 세상에서 내가 가장 사랑하는 한 여인이 함께 가기를 거절하는데 어떻게 내가 그 잔치에 참석할 수 있겠나?" 그때나 지금이나 내가 해줄 수 있는 대답은 아무것도 없다. 그저 그 질문을 내게 해주었다는 것만이 고맙다고나 할까. 현명하고 헌신적이었던 그 선배의 질문은 그 후 25년간이나 나의 뇌리에서 지워지지 않았다. 지금도 그 선배가 흘리던 눈물과 탄식으로 주름졌던 얼굴이 눈에 선하다. 그때는 젊은 마음에 어떻게든 위로의 말을 찾고 싶었으나 결국 아무 말도 하지 않고 참았던 것이 지금 생각하면 무척이나 잘한 일이라고 생각된다. 사랑하는 사람을 잃고 어떻게 잔치에 참석할 수 있겠는가?

∷ 악의 세력을 점령하라

분열시키고 점령하라. 이것은 모든 군사작전의 원칙이다. "적의 보급선을 앞질러 가서 측면 공격을 시도하라. 식량과 무기 수송을 가로막고 적군을 고립시키라. 기강을 해이하게 만들고 허황된 희망을 미끼로 던져서 전열을 교란시킨 후 분열을 조장하라." 만일 당신이 어둠의 왕국에 위협이 될 만한 삶을 살고 있다면 당신도 그런 공격의 초점이 되어 있음을 잊지 말라. 사랑하는 사람과의 헤어짐만큼 우리 마음을 가장 빨리, 가장 아프게 찌르는 것은 없다.

시편 55편에서 다윗은 이렇게 부르짖었다. "나를 책망하는 자는 원수가 아니라. 원수일진대 내가 참았으리라. 나를 대하여 자기를 높이는 자는 나를 미워하는 자가 아니라. 미워하는 자일진대 내가 그를 피하여 숨었으리라. 그는 곧 너로다. 나의 동료, 나의 친구요 나의 가까운 친우로다. 우리가 같이 재미있게 의논하며 무리와 함께하여 하나님의 집 안에서 다녔도다"(12-14절). 수천 년 전 다윗의 비탄이 오늘날에도 우리의 심금을 울린다. 이 글을 쓰는 지금 내 마음을 아프게 했던 이들의 얼굴이 눈앞에 떠오른다. 나를 배반했던 이들도 어쩌면 같은 노래를 부르며 나를 기억하고 있을지도 모를 일이다.

> 사랑하는 사람과의 헤어짐만큼 우리 마음을 가장 빨리, 가장 아프게 찌르는 것은 없다.

우리는 갈라졌고 화해는 이른 아침 환하게 빛나는 저 달보다 더 멀리 있는 것만 같았다. 불화는 언제나 새로운 공동체를 형성하고 유지한다. 불화는 새로운 동맹을 낳아서 괴로움 속에서 생존하게 만든다. 억울한 일을 당하면 우리는 친한 사람에게 그 억울함을 하소연한다. 그는 보통 내 편을 들어 주고 내게 고통을 준 사람을 단죄한다. 새로운 동맹은 험담을 통해 다른 사람들에게로 전이되고 지진으로 땅이 갈라지듯 인간관계에는 심각한 균열이 일어난다.

우리는 불화에 양면성이 있다는 사실을 재빨리 잊어버린다. 불화 속에는 법적 판단이 불분명하거나 명쾌한 해석이 불가능한 복잡한 요인들이 얽히고설켜 있다. 우리는 불화의 불가피성을 받아들인다. 특히 실패를 인정함으로써 새롭게 형성된 관계의 평화가 깨질 위험에 처했을 때 우리는 화해 시도를 주저한다. 교묘히 감추어진 복수심이나 독선에 찬 무관심으로 살아가는 것이 우리에게는 훨씬 편하고 수월한 일이다.

공중에는 비난을 거부하는 공기가 살포된다. 자신은 의로운 사람이고 억울한 희생자라고 보는 그릇된 관점이 불화에 상존한다. 우리는 원수의 장점까지 헐뜯고 그들의 동기는 무조건 나쁘다고 몰아가면서 그들의 행동 하나하나를 미심쩍어한다.

비난은 모든 불화를 심화시키는 악의 수단이다. 말하자면 "전남편은 지독한 노랭이였어", "우리 사장은 결단을 못 내리고 우유부단해서 탈이야", "우리 아들은 굼벵이야", "우리 교회 목사는 융통성이 눈곱만큼도 없어", "우리 이웃집 사람들은 자기밖에 몰라" 등, 비난은 종합적이고 신랄하고 자기만족적인 고발을 유도해서 철저히 왜곡된 자신의 편견에 맹목적인 충성을 강요한다. 그건 흡연과도 비슷하다. 담배 연기를 훅 하고 내뿜는 순간처럼 속이 후련해지고, 중독성이 있고, 쓰라린 감정을 달래 준다. 아무도 그런 비난이 자기 파괴적일지도 모른다는 의문을 품지 않는다. 비난의 쓰디쓴 타르는 시간이 지나면서 점차 아름다움을 강탈하여 죽음의 독소로 변하게 한다. 우리의 폐는 그런 어둠의 주입물을 견뎌내지 못한다.

악의 세력은 암을 퍼뜨리기 위해 비난에 가세한다. 하지만 그들이 재빨리 비난의 화살을 되돌려서 비난했던 사람을 겨눈다는 사실을 알아야 한다. 나도 비난의 연기를 내뿜는 순간만큼은 억울함이 풀린 듯 기분이 좋았다. 하지만 그때마다 내가 뱉은 비난이 결국 고스란히 내게로 되돌아왔다. "당신은 패배자야. 당신이 하나님을 사랑한다는 건 새빨간 거짓말이지. 당신이야말로 눈에서 눈물 나는 날이 올 거라구!" 나는 그 말에 가슴이 무너져 내렸다.

나를 배반한 사람에게 비난의 화살을 당겼을 때 그 순간에는 확실히 기분이 풀리는 듯했다. 하지만 그 대가로 나는 뻔히 허위인 줄 아는 과격한 말들까지 내뱉어야 했다. 복잡한 사건의 진상을 놓고 싸움을 벌이려면 단단히 앙심을 품고 강경하게 나가지 않으면 안 된다. 내 기분을 풀기 위해서 악에 더 큰 악으로 맞서야 하는 것이다. 정말 끔찍한 일이다.

내가 원수를 비난하지 않겠다고 결심하면 곧이어 내 안에서 반대하는 목소리가 들려왔다. 그 소리는 악의 세력에 의해 증폭되었으며 나에게 맞서는 자들까지 그에 가세했다. 그것은 도저히 빠져나갈 구멍이 없는 막다른 악의 골목이었다. 개인적인 관계에서도 그렇다면, 구조적으로 원수들을 배척하고, 고발하고, 모독하고, 비인간화해서 살아가는 경쟁 단체들은 말할 것도 없다. 그것은 기업이나 국가나 마찬가지다. 상대를 향한 신랄한 비난과 모독으로 동맹자들끼리 똘똘 뭉치는 것이 인간 사회가 교파와 민족 단결과 정치적 연합을 유지하고 도모하는 방식이다.

우리 마음을 아프게 하는 사람에게도 다소의 진실이 있다면 우리 마음을 덜 상하게 하는 사람의 말은 분명 일리가 있다고 봐야 한다. 불화는 모든 인간 관계에 존재한다. 행복해 보이는 부부간에도, 부모와 다른 길을 가려는 자녀들과도, 자신과 고락을 나누지 않으려는 친구들과도 불화가 발생한다. 이 글을 쓰는 동안 아내가 서재로 들어와서 차에 폐지 상자 싣는 일을 도와달라고 부탁했다. 두 시간 동안은 글 쓰는 일을 방해하지 않겠다고 미리 약속을 해놓고서도 말이다. 안식일에 대한 생각의 흐름이 아내의 느닷없는 출현으로 끊어지고 말았다. 나는 내키지 않는 마음으로 자리에서 일어나 아내 일을 거들어 주러 밖으로 나갔다.

일이 끝난 후에 아내에게 물었다. "당신이 도중에 내 일을 방해했으니까 내가 30분간 시간을 더 써도 되겠소?" 아내는 불쾌한 표정을 지었고 우리는 각자 하던 일로 돌아갔다. 아내가 집안일에만 집착해서 내 일에 너무 무심하다는 생각이 들자 서운한 감정이 밀려들었다. 아내가 내게 어떤 감정을 갖고 있는지 알 수 없지만 분명 긍정적이지는 않을 것 같았다. 불화 기간은 비교적 짧았다. 그 이유는 내가 방금 불화 과정을 글로 적었기 때문이다. 내 원수가 나에게 퍼부었던 과거의 비난이 떠오르자마자 나는

> 안식일은 단순히 노는 날이 아니라 과감하게 평화로 들어서는 날이다.

자리에서 일어나 아내에게 가서 미안하다고 사과했다. 사과 한마디면 끝날 일인데 비난을 계속 품고 있다는 게 좀 우습다는 생각이 들었다.

사람들 간의 불화는 이 불화의 세상에서 피할 수 없는 것이다. 불화

하는 사람들은 자신의 깊은 갈망과도 일치를 보지 못하고 있다. 고통을 격감시키는 놀이를 통해서라도 불화의 세계를 떠나고 싶은 것이 우리의 현실이다. 안식일은 단순히 노는 날이 아니라 과감하게 평화로 들어서는 날이다.

:: **하나님의 권유**

안식일은 화해하라는 하나님 아버지의 권유를 실천하는 날이다. 하나님은 우리를 집으로 맞이하시고 평강을 알기 원하는 모든 이에게 팔을 뻗어 주신다. 안식일은 생명이 창조되고, 구속되고, 회복되고, 자유로워진 것을 축하하는 날이다. 사도 바울은 우리의 새로워진 모습과 사명의 특성을 다음과 같이 묘사했다.

그가 모든 사람을 대신하여 죽으심은 살아 있는 자들로 하여금 다시는 그들 자신을 위하여 살지 않고 오직 그들을 대신하여 죽었다가 다시 살아나신 이를 위하여 살게 하려 함이라.

그러므로 우리가 이제부터는 어떤 사람도 육신을 따라 알지 아니하노라. 비록 우리가 그리스도로 육신을 따라 알았으나 이제부터는 그같이 알지 아니하노라. 그런즉 누구든지 그리스도 안에 있으면 새로운 피조물이라. 이전 것은 지나갔으니 보라 새 것이 되었도다.

모든 것이 하나님께로서 났으며 그가 그리스도로 말미암아 우리를 자기와 화목하게 하시고 또 우리에게 화목하게 하는 직분을 주셨으니 곧 하나님께서 그리스도 안에 계시사 세상을 자기와 화목하게 하시며 그들의 죄를 그들에게 돌리지 아니하시고 화목하게 하는 말씀을 우리에게 부탁하셨느니라(고후 5:15-19).

화해의 렌즈를 낀 사람은 자신을 배반했던 사람과 자신이 했던 배반을 완전히 다른 각도에서 볼 수 있다. 자기 정당화를 위한 비난에서는 불화가 고조되는 반면, 복수할 권한을 포기하는 자기 희생적 섬김 위에서는 화해가 이루어진다. 이 세상 누구보다 큰 억울함을 당하셨던 하나님이 십자가에서 고통받은 주님의 억울함을 대갚음하지 않으시고 부활을 통해 주님의 생명을 회복, 즉 재창조해 주셨다.

하나님 아버지는 우리를 원수의 목전에 앉히셔서 음식을 먹이시고 크나큰 기쁨으로 돌보시며 사랑을 쏟아부으신다(시 23편). 하나님이 준비하신 정의의 잔칫상은 배반자의 피가 아니라 하나님의 고통으로 대가가 지불된 잔칫상이다. 새로운 피조물이 "그리스도 예수 안에 있는 자에게는 결코 정죄함이 없나니"(롬 8:1)라고 노래 부르며 즐거워할 새 날이 밝았기 때문이다.

안식일은 모든 신경전과 반목과 싸움을 멈추는 날이다. 모든 것이 평화로운 것처럼, 원수들이 우리와 싸움을 하고 있지 않은 것처럼 여기는 날이 안식일이다. 언젠가 우리가 영원히 누릴 평강은 우리를 위해 안식일에 선포되는 영원이다. 아브라함 헤셸의 말을 들어 보라.

이날[안식일]은 전쟁도 반목도 두려움도 불신도 없는 날이다.···일곱째 날은 생존을 위한 인간의 잔인한 싸움이 휴전을 하고 개인과 사회의 모든 다툼이 정지되는 날이며 인간과 인간, 인간과 자연, 겉사람과 속사람 간에 평화를 선포하는 날이다.…신경전에서의 탈출, 내적 혼돈에서의 해방, 시간의 세계 지배자로서의 귀환이 이루어지는 날이다."

결론적으로 말해서 언젠가 우리는 모든 원수들과 함께 자리에 앉아서 십자가에 못 박혔다가 부활하신 분을 마음껏 환호하고 축복할 날을 맞이하게 될 것이다. 그런데 어찌 그런 날 의로운 체하지 않을 수가 있단 말인가?

:: 평화로운 척하다

그날의 주요 기사를 알리는 저녁 뉴스의 영상 자막처럼 가식은 이제 우리 일상의 일부분이 되어 버렸다. 날마다 우리는 행복하고, 잘 지내고, 바쁜 척한다. 상대방의 말이 지루해서 몸을 비틀면서도 재미있어 죽겠다는 시늉을 한다. 그러한 가식은 단순히 현실에서 도피하려는 게 아니라 의도적으로 (때로는 거의 무의식적으로) 진실을 거부하는 것이다.

그런데 또 다른 종류의 가식이 있다. 아이들이 장난을 칠 때나 성인으로서 어떤 역할을 수행하기 위해 의도적으로 행하는 가식이다. 내게는 마스힐 신학대학원의 총장으로서 마땅히 해야 할 역할이 있다. 그런데 그 역할을 깨닫는 데 꽤 오랜 시일이 걸렸다. 예고도 없이 불쑥 사무실에 나타나거나 갑자기 정해진 계획을 바꾸고 대안을 제시하는 일 따위는 하지 말아야 한다는 것을 알게 되었다. 내가 무심코 던진 한마디 제안은 마치 지뢰와 같아서 밑에서 일하는 사람은 물론이고 때로는 학교 전체에 큰 혼란을 야기할 수 있었다. 사람에게는 누구나 남들이 기대하는 나름의 역할이 주어져 있고 그 역할을 제대로 하지 못할 때 심각한 부작용이 발생하기도 한다.

우리는 실효성이 검증되지 않은 행동을 하고 싶을 때에도 가식을 동원한다. 예를 들면 내게 좋은 교안이 떠올랐을 뿐인데 마치 그 수업이 성공적인 결말을 맺은 듯이 행동한 적이 있었다. 신학대학원을 설립해서 교재와 영혼과 문화의 새로운 통합을 이루자고 했을 때에도 나는 학기마다 무엇을 해야 하는지, 그 통합이라는 것이 진정으로 무엇을 의미하는지도 모르면서 아는 체를 하고 다녔다. 어쩌면 가식 없이 무언가를 만들어 내는 게 불가능한지도 모르겠다.

가식은 답보 상태에 대한 정면 도전이다. 과거로부터 돌아서서 새로운 미래를 창출하고, 미지의 영광을 위해 아직 실현되지 않은 것을 꿈꾸는 것이다. 가식 때문에 '아직 아닌 것'이 정말 '그런 것'처럼 된다. 우리가 믿는 새 하늘과 새 땅의 도래는 과연 어떤 모습일까? 내가 보기에 그것은 평강과 풍족함과 잔치의 모습일 것 같다. 이 장에서는 미래의 평강을 가장하는 것만 이야기했지만 다음 장에서는 풍요로움과 기쁨을 가장하는 것에 대해 다루어 볼 것이다.

안식일은 확실하고 진실한 가공의 이야기인 동시에 평강의 약속이다. 어떻게 그런 요소들이 우리의 안식일을 구성할 수 있는 걸까?

> 안식일은 유일하고 진실한 화해의 날이다.

간단히 말해서 평강의 안식일은 불화나 비난이나 맹목적 편들기의 시간을 허락하지 않으면서 불화하는 당사자들 사이에 어떠한 덫도 놓지 않는다. 안식일은 유일하고 진실한 화해의 날이다.

만일 이 세상에 전쟁도 없고, 적의도 없고, 전선도 없고, 방어할 필요도 없고, 해명할 필요도 없고, 남의 관점을 바꿔야 할 필요도 없다면 당신은 어떻게 살고 싶으냐고 안식일은 묻는다. 우리가 만나는 소중한 사람들의 선하고 감동적이고 가슴 벅찬 이야기에 동참하여 기쁨을 누리는 것이 안식일의 영광이다.

당신의 배우자(혹은 자녀, 부모, 친구, 이웃)를 안식일 하루 동안, 즉 24시간 동안 본다고 생각해 보라. 아무런 앙금이나 불만 없이 모든 갈등을 넘어서 그저 완벽하게 구속함을 받은 배우자와 완벽한 결혼 생활을 영위하는 모습을 상상해 보라. 그런 다음 그토록 사랑스러운 사람과 온종일 함께 보내는 것이 어떤 기적을 불러일으킬지를 생각해 보라. 친구도 마찬가지다. 그동안 서운했던 감정을 뒤로하고, 어떻게 친구가 되었는지 어떻게 우정을 지켜 왔는지를 생각하며 온종일 그 친구와 함께 보낸다면 두 사람 사이에 어떤 일이 일어나겠는가? 더 나아가, **지금 현재** 당신이 보고 있는 사람이 언젠가 온전히 영광스런 모습이 될 것을 상상한다면 어떤 일이 일어나겠는가? 루이스는 "당신은 언제나 영원한 존재와 이야기하고 있는 것이다"라고 말했다.[2]

안식일은 영원의 관점에서 서로를 바라보고 그 관점이 진실인 것처럼 현실에서의 시간을 보내기 위해 따로 구별된 날이다. 우리에게 해를 입힌 사람, 그리고 우리가 해를 입힌 사람들과 영원히 불화하지 않을 것이라는 전제하에 살아간다면 우리 삶은 어떻게 달라지겠는가?

:: **영원을 연습하라**

안식일은 튼튼한 그물망을 두고 높은 줄 위를 걸어가거나 공중그네를 타는 것과도 같다. 우리는 공중그네를 타다가 몸을 훌쩍 날려서 누군가 내 손을 잡아 주기를 기다린다. 최악의 경우 손을 놓치고 떨어진다고 해도 튼튼한 그물망이 내 몸을 받아 줄 것이다. 왜 우리는 그런 놀이를 하지 않는 걸까? 안식일에 영원을 연습하기 위해서는 호기심과 안락함과 돌봄을 생각할 필요가 있다.

호기심

비난은 의심과 과대망상을 불러온다. 불화로 빚어진 불면증은 경이로움의 기쁨을 송두리째 앗아간다. 비난의 잿더미에 파묻혀서 안식일을 제대로 보내기란 불가능하다. 짜증과 회의로 얼룩진 마음 상태라면 기쁨의 여왕은 고사하고 어떻게 안식일을 누릴 수 있겠는가?

호기심은 성령님이 주시는 선물이나. 호기심은 경이로움의 방으로 안내를 받은 손님처럼 겸허하게 "또 있나요?"라고 묻는다. 또 있느냐는 질문은 탐욕이나 놀라움에서 비롯되는 것이다. 만일 탐욕스런 마음으로 그런 질문을 했다면 그 무엇도 그를 만족시키지 못하며 진정한 안식도 없고 오로지 집요한 야망만 있을 것이다. 그러나 경이로움에 대한 기쁨이 동기가 된 질문이라면 그 욕구는 곧 복합적인 추구로 표현될 것이고 결국은 매혹적인 친근감과 상호 작용, 그리고 연합으로 이어질 것이다.

야망은 가장 적은 시간에 가장 많은 것을 얻을 수 있는 지름길을 갈구한다. 반면에 경이로움은 수직적이지 않은 길, 그러니까 처음 길을 나설 때 전혀 기대하지 않았던 새로운 연합을 이루어내는 미지의 길을 탐험하라고 요구한다. 어느 안식일에 아내가 내게 이런 질문을 던진 적이 있다. "만약 오늘 우리가 원수 된 사람들을 위해 기도하기로 결정한다면 당신은 이 세상에서 누구와 가장 화해를 하고 싶어요? 그리고 천국에 갈 때까지 보지 않았으면 좋겠다고 생각하는 사람은 누구인가요?" 나는 그 말에 흠칫했다. 정말 기막힌 질문이었다. 말하자면 "누가 가장 보고 싶고, 누가 가장 마음을 아프게 했느냐?"는 물음이었다. 원수가 없다는 듯이 가장하지 말고 호기심을 발동시켜 그들을 탐구해 보라는 것이었다. 노상 '뭔가를 해야 하는데…'라는 죄책감이나 '아무것도 할 수가 없어'라는 좌절감을 넘어서 하나님과 뜻 깊은 대화를 나눠 보라는 권면이었다. 나는 아내의 질문과 씨름하기 시작했다. 내 원수들을 다시 떠올리고 기도해야 할 이유는 무엇일까? 언젠가는 내 원수들 한 명 한 명과 얼굴을 마주 대하는 날이 올 것이다. 그들과 다시 만나는 순간을 지금부터 상상해 보는 것도 나쁘지는 않을 것 같았다.

노만 워쯔바(Norman Wirzba)도 "안식일은 우리에게 주의를 기울이라고 한다"며 현명한 충고를 마다하지 않았다.[3] 우리는 안식일에 눈을 크게 뜨고서 앞에 놓인 영광에 아무 그늘이 없는지를 살펴보아야 한다. 호기심으로 기쁨을 맞아들인다면 우리의 감각은 아름다움과 선함과 진리의 무한한 영토로 우리를 안내해 줄 것이다.

안락함

상황이 긴박할수록 숨을 돌리고 침착해지기란 쉽지 않다. 안식일은 단순히 긴장을 풀고 쉬는 날이 아니라 안락함을 느끼는 날이다. 원수들과 천문학과 식물의 세포 분열과 블랙홀에만 호기심을 갖는 날이 아니고, 가을이 되면 어디가 가장 사냥감이 많을지 산길을 둘러보는 날만도 아니다. 그런 일을 하되 잠옷을 입거나, 해먹에 눕거나, 친한 친구와 함께 걸으면서 해야 한다. 안식일은 가장 안전하고 눈치 볼 게 없는 날이기 때문이다. 이런 질문을 해 보면 된다. "하나님 아버지 품의 그 포근함을 가장 깊이 느끼게 하는 것은 무엇인가?"

독감에 걸려 고생했던 어느 안식일이 기억난다. 나는 이불 속에 누워 있고만 싶었고 외출은 하고 싶지 않았다. 어떤 이유에서인지 그날은 밖으로 나갈 수가 없었다. 아내는 나를 보고 "당신, 여전히 침대에 누워 있네요. 외출했다가 돌아올 때 당신에게 깜짝 놀랄 만한 것을 가져다줄게요"라고 말했다. 그날은 아내 덕을 보는구나 하며 나는 다시 잠 속으로 빠져들었다. 잠시 후 아내가 팔에 잡지책을 한아름 안고 들어왔다. 항해에 대한 잡지부터 플라이낚시, 모터사이클링, 주택정보지까지 각양각색 잡지들이 보였다. 나는 그것들이 몸보신용 죽이라도 되는 양 게걸스럽게 읽어 치우면서 하루 종일 자다 깨나를 반복했다. 우리네 인생은 옷이든 사람이든 장소든 안락함과 포근함에서 너무 멀어져 있다.

안식일은 탐험하기에 안전하고 안락한 날이다. 그렇다고 안식일에 위험 요소가 전혀 없다는 이야기가 아니다. 우리의 안락함에 어울리는 선택적인 위험 요소만이 있다는 이야기다. 원수들을 위해 하나님께 간구하는 일은 쉽지 않았다. 사실은 내게 너무도 색다른 경험이었다. 하지만 아내는 내게 멍석을 깔아 주고 아무 죄책감이나 부담감 없이 그들을 위해 기도할 수 있게 해주었다.

돌봄

안식일은 또한 돌봄을 주고받는 날이다. 안식일에 평화가 보장되어 있다면 오랜 싸움이나 현재의 갈등을 해결하려고 노력할 필요가 없어진다. 안식일에는 중대한 결정을 내린다든가 업무 계획을 세우지 말아야 한다. 안식일은 서로를 돌보고 그날을 기뻐하는 모든 사람을 배려하는 날이다.

매들린 번팅은 인류의 지속성에 대한 문제를 이렇게 지적했다. "인류의 지속성 여부는 '누가 누구를 돌보느냐'의 문제로 귀착된다."⁴⁾ 늙으면 누가 당신을 돌봐 줄 것인가? 나와 친한 한 여성은 몇 달간 요양원을 드나들며 죽어가는 어머니를 간호하고 돌봐 드렸다. 어머니가 충분한 돌봄을 받지 못했기 때문이었다. 그녀의 어머니는 일 년에 10만 달러가 넘게 드는, 그 도시에서 가장 시설 좋은 요양원에 계셨다. 그럼에도 불구하고 딸이 하루만 자리를 비우면 어머니를 방치해 둔 흔적이 역력하게 나타났다. 돌봄은 돈으로 살 수 없다. 왜냐하면 돌봄은 존중하겠다는 언약이기 때문이다.

> 안식일은 평강 안에서, 평강 곁에서, 평강과 함께 하나 되는 흥겨운 연합이다.

누군가를 돌본다는 것은 기쁜 마음으로 성실하게 보살펴 주는 것을 말한다. 식물을 돌보기 위해서는 좋은 흙과 양분과 햇빛을 공급해 주어야 한다. 아들과 딸, 아내와 남편, 친구들이라고 해서 무엇이 다르겠는가? 나는 내가 키우는 화초의 잎이 갈색으로 변하지 않았는지, 흙에 물을 너무 많이 주지 않았는지 늘 신경을 쓴다. 내가 돌보는 것에는 시간을 들여서 관심과 주의를 기울인다. 화초에 새 잎이 돋고 조금씩 성장하는 모습은 보는 이의 마음에 큰 즐거움을 안겨 준다. 나는 내가 좋아하는 것들을 연구한다. 내가 연구하는 것들을 좋아하면 주체와 객체 사이에 연합이 일어난다. 안식일은 평강 안에서, 평강 곁에서, 평강과 함께 하나 되는 흥겨운 연합이다.

7장
결핍을 이기는 풍요로움

나는 어떤 것이 더 안 좋은지를 판단하기가 어렵다. 홀로 있는 것이 안 좋은가, 홀로 되는 것이 안 좋은가? 가진 것 없이 겨우겨우 삶을 꾸려 나가는 빈민촌이 있는가 하면, 자기 이익에 따라 충성심이 변하고 일회성에 근간을 둔 풍족한 사회도 있다. 오죽하면 이런 말이 나왔을까! "워싱턴 D.C.에서 친구를 사귀고 싶다면 개를 사라." 이 말은 권력의 농간과 유권자들의 변덕, 그와 연관된 고독한 인간 군상을 떠올리게 한다. 춥고 배고픈 사람이 가난한 소외 계층에서도 소외를 당한다면 그 고통은 상상하기조차 어렵다. 나병환자들은 그 결핍과 모멸감이 어떠한지를 이해할 수 있을 것이다.

> 우리에게 절실한 것은 인간 관계의 회복과 배부름이다.

우리에게 절실한 것은 인간 관계의 회복과 배부름이다. 애석하게도 서구 사회에 사는 사람들은 배부름이라는 원초적 중요성을 생각한다거나 하루하루 먹고 살 것을 걱정하는 일이 거의 없다. 구매력이 있어 이 책을 사서 읽을 정도인 사람들에게는 결핍이 결코 큰 문제가 아닐 것이다. 신앙 서적을 사서 읽는 사람들 중에 무료 급식소를 드나들거나 끼니 걱정을 하는 사람은 거의 없다. 그렇다면 안식일이 결핍으로부터의 피난처라고 말하는 의미는 과연 무엇일까?

:: **중산층의 결핍**

중산층 사람들이 느끼는 결핍에는 두 가지 범주가 있다. 하나는 미래의 불확실성에서 오는 공허함이고, 또 하나는 이상이 실현되지 못한 데서 오는 공허함이다. 물론 이 두 가지 문제가 중산층만의 전유물은 아니지만, 가난하지도 부유하지도 않은 중산층 사람들에게는 유독 그 두 가지 문제가 크게 부각된다.

겉으로만 윤택해 보이는 중산층(혹은 상류층)이 상당히 많다. 요즘 세상에는 맞벌이를 하면서도 빚더미에 올라 있는 가정이 있는가 하면, 호화로운 주택에 살면서도 돈이 없어 신용카드로 장을 보는 가정들이 있다. 미국은 수입보다 지출이 많고 미래보다 과거의 영화에 사로잡혀 사치와 낭비를 일삼는 국가다.

만일 가장이 직장을 잃기라도 하면 과연 저축한 돈으로 얼마나 버텨낼 수 있을까? 사람들은 그럴 가능성이 얼마든지 있다는 사실을 애써 외면하려고 한다. 어쩌면 불행은 우리를 살짝 비껴갈 수도 있지만, 마주 오는 차와 정면충돌하듯 우리를 산산조각 낼 수도 있다. 하지만 그건 또 다른 문제다. 불치병이나 사고가 사람의 생명을 파괴하고 도둑질하고 죽이는 것은 한순간이다. 내일 당장 당신이 암 진단을 받거나 자동차 사고로 더 이상 가족을 부양할 수 없게 될지 누가 알 수 있겠는가? 인간은 누구나 지속적인 불확실성 가운데 살아가는 존재다.

돈 문제가 불안을 초래한다면 인간 관계는 얼마나 더 우리 속을 태우는 주범인가? 내 아이들이 과연 하나님께로 돌아올 것인가? 우리 부부의 관계가 다시 좋아질 수 있을까? 공허한 세상에서 어떻게 살아가야 할까? 교회들은 더 큰 비난과 따돌림이 두려워 그러한 공허함을 언급조차 못하고 있다. 인간 관계의 미래는 갈수록 어두워 보인다.

우리는 또한 이상이 실현되지 못하는 현실에 불안해하고 있다. 이 세상에서 자신의 꿈을 이루며 사는 사람들은 그리 많지 않다. 전형적인 아메리칸 드림 외에 다른 꿈을 갖고 살려는 미국인들은 극히 드물다. 우리는 모두 연예인이나 대중 가수나 프로 운동선수나 백만장자가 되고 싶어 한다. 그것이 불가능하다면 최소한 멋진 결혼을 해서 2.2명의 자녀를 둔 행복한 가정을 꾸리고 싶어 한다. 그러나 20년이나 30년 전에 꿈꿨던 이상적인 삶에서 지금 너무도 동떨어져 있다고 인정하는 사람이 대부분이다. 물론 이 세상에는 연예인이나 대중 가수나 프로 선수로 성공하는 사람들이 있다. 또한 행복한 가정을 꾸려 가는 사람들도 있다. 하지만 그들을 부러워하며 자신이 정의한 성공을 향해 매진하는 동안 사람들은 인간으로서의 품격을 떨어뜨리는 구조의 노예로 전락하는 것이다.

:: **시기와 질투**

시기와 질투는 자신의 공허함을 채우기 위해 다른 사람의 것을 가지려고 안달하는 마음을 말한다. 우리는 남의 출판 계약이나 유명세, 늘씬한 다리와 윤나는 머릿결과 최신형 벤츠를 부러워한다. 남이 가진 것보다 약간 못하거나 비슷한 것으로는 결코 만족하지 못한다. 최소한 남의 것보다 크거나 좋아야 한다. 어느 현자가 이런 말을 했다. "사람이 모든 수고와 모든 재주로 말미암아 이웃에게 시기를 받으니 이것도 헛되어 바람을 잡는 것이로다"(전 4:4). 시장 주도 경제는 사람들의 이런 욕구를 이용해서 최고의 물건을 판매하려는 경쟁을 유발했다. 그러나 시기심의 깊은 속내에는 단순히 자기 것이 더 좋기를 바라는 것 이상의 잔인함이 숨어 있음을 알아야 한다.

시기심의 밑바닥에는 남이 가진 것을 빼앗아서 그 사람이 느끼는 굴욕감을 즐기려는 속셈이 들어 있다. 자신의 결핍은 오직 상대방의 것을 빼앗아 내 것으로 만들어야만 해결될 수 있다고 생각한다.

시기심은 인간을 갉아먹어 병들게 만든다. 영어에서는 보통 초록색을 사용해서 시기심을 표현한다. "나는 질투에 불타고 있어"(I am green with envy). 이 경우에 초록색은 결코 성장이나 생명을 의미하지 않는다. 메스꺼움과 동요를 의미한다. 시기심에 눈이 먼 인간은 남을 살해하거나 중상모략을 해서라도 상대를 파멸시키고 싶어 한다. 남의 기쁨을 앗아 가는 기쁨 외에 다른 것은 전혀 생각하지 못하는 지경에 이르는 것이다.

억척스러움

인간은 바람을 잡으려고 한다. 그 정도로 인간은 어리석다. "두 손에 가득하고 수고하며 바람을 잡는 것보다 한 손에만 가득하고 평온함이 더 나으니라"(전 4:6). 우리는 바람을 잡으려고 하지만, 잡는 순간 바람은 우리 손에서 빠져나간다. 그런 경험을 되풀이하면서도 인간은 교훈을 얻지 못한다. 우리는 또 하나의 일거리를 받아 쥐면서 이렇게 스스로를 위로한다. "지금은 바쁜 시기라서 그렇지만 조금만 지나면 한가해질 거야." 일흔이 되면 삶의 색깔이 좀 달라질 줄 알았는데 전혀 그렇지가 않다고 하소연하는 할아버지들을 나는 많이 만나 보았다. 그들은 계속해서 자신의 목표를 쫓아가면서 안식일과 상관없는 삶을 살고 있었다.

억척스럽다는 말에서는 언제나 모질고 부산스러운 느낌과 함께 열기와 소음과 광포함이 느껴진다. 시간을 엄수하고 끊임없이 일을 추진하는 사람은 대충 요직에 앉아 있는 인물이라고 보면 틀리지 않는다. 자신을 중요하게 생각하는 사람일수록 목적지를 향해 더욱더 매진할 필요를 느낀다. 결코 한가하게 노닥거릴 시간이 없다. 그들은 절대로 "충분해! 돈도 충분하고 책도 충분하고 여행도 충분히 했어. 나는 없는 것이 없는 사람이야. 이제는 내가 가진 모든 것을 나눠 주어야 할 때야"라고 말하지 않는다. 더 가지려 하고 더 억척스럽게 매진하는 사람에게는 무분별한 중독만이 있을 뿐이다.

예속

우리가 누구를 부러워하든 그 시기의 대상자는 곧 우리 원수가 된다. 우리는 그가 가진 것에 중독된다. 그의 것을 갖고 싶고, 얻고 싶고, 지배하고 싶은 집착의 수렁 속으로 빠져든다. 그래서 "나도 우리 옆집에 있는 새 온수 욕조를 갖고 싶다"가 하나의 목표가 되어 버린다. 결국 새 온수 욕조를 구입하여 이웃 사람의 코를 납작하게 해주고 나면 그제야 득의양양한 미소를 짓는다. 하지만 그런 만족감도 오래가지 못한다. 또다시 내 것보다 더 나은 것을 갖고 있는 사람이 나타나면 만족감은 순식간에 사라져 버린다. 그러는 사이에 우리는 물건의 소비자가 아니라 자존

7장 결핍을 이기는 풍요로움

심의 추종자로 변해 간다. 다른 사람들보다 낫지는 못하더라도 최소한 동등하게라도 되고 싶은 욕구에 중독되어 버리는 것이다. 그러는 사이 우리는 하나님이 아닌 다른 신을 섬기는 우상숭배자로 전락한다.

불륜을 저지르는 사람들은 대부분 섹스 때문이 아니라 부부관계에 문제가 있어서 그렇다고 이야기한다. 하지만 실제로 그들이 원했던 것은, 책임은 지지 않으면서 다른 이성을 소유하고 싶은 것이고 염치없는 향락으로 단조로운 생활에 재미를 불어넣으려는 것이다. "라스베이거스에서 일어난 일은 라스베이거스에만 남는다"(어떠한 행동도 용납된다는 뜻의 관광객 유치용 홍보 문안—역주)라는 광고 문안을 본 적이 있다. 사람들이 방종에 빠지는 이유는 허전함을 채우기 위해서다. 하지만 허전함은 그런 식으로 해서 채워지지 않는다. 환락의 밤이 주는 공허함에서 탈출하기 위해 현실의 의무와 꿈을 매수하지만 그 방법도 통하지 않는다. 공상으로의 도피와 냉혹한 현실과의 직면은 동전의 양면과 같아서 안식일 없는 삶의 두 얼굴을 대변해 준다. 안식일은 풍족함을 누리기 위해 즐겁게 순종하는 날이기 때문에 우리를 그러한 이원적 삶에서 해방시켜 준다.

:: **자연의 풍요로움**

이 세상은 온통 하나님의 존재로 넘쳐난다. 지구가 철퍼덕거리고, 와글거리고, 바스락대면서 "거룩하다, 거룩하다, 거룩하다"고 소리 높여 부르짖는다. 하지만 아무런 소리도 들리지 않는다. 그 풍요로움은 지극히 원숙하고 충만해서 그냥 지나치

> 이 세상은 온통 하나님의 존재로 넘쳐난다.

기가 불가능하다. 그래서 한 시편 기자는 이렇게 노래했다.

> 하늘이 하나님의 영광을 선포하고
> 궁창이 그의 손으로 하신 일을 나타내는도다.
> 날은 날에게 말하고
> 밤은 밤에게 지식을 전하니(시 19:1-2).

3월 초순에 나는 눈 덮인 애플턴과 위스콘신을 지나 따뜻한 애틀랜타 지역으로 날아갔다. 그곳에서는 갓 피어난 연둣빛 새싹들과 싱그러운 봄내음이 나를 사로잡았다. 공항에 도착한 나는 온몸에 따사로운 햇살을 받으면서 10분 정도 공항버스를 기다렸다. 불과 몇 시간 전만 해도 나는 20센티미터나 쌓인 눈길에 서서 추위에 떨며 나를 공항까지 데려다 줄 택시를 기다리고 있었다. 우리는 이렇게 결핍과 풍요로움 가운데 하나님의 기쁨에 둘러싸여 살고 있다.

> 그 풍요로움은 지극히 원숙하고 충만해서 그냥 지나치기가 불가능하다.

지금 당신이 앉아 있는 자리에서 일어나 크게 심호흡을 해보라. 손가락으로 흙을 비비면서 그 보드라운 토양을 느껴 보라. 오렌지 조각을 한 입 깨물어서 도발적인 미각에 빠져 보라. 우주 만물은 우리에게 찬양의 노래를 부르게 하는 오케스트라다. 그러나 이 세상 피조물이 아무리 풍요롭다고 해도 재창조된 피조물의 초강력 풍요로움에 비한다면 그 빛은 곧 희미해지고 만다.

:: 재창조된 피조물의 비할 바 없는 풍요로움

피조물의 풍요로움은 새 하늘과 새 땅의 스테로이드다. 구약 선지자들이 그 사실을 어떻게 묘사했는지 들어 보라.

이 물이 동쪽으로 향하여 흘러 아라바로 내려가서 바다에 이르리니 이 흘러내리는 물로 그 바다의 물이 되살아나리라. 이 강물이 이르는 곳마다 번성하는 모든 생물이 살고 또 고기가 심히 많으리니 이 물이 흘러 들어가므로 바닷물이 되살아나겠고 이 강이 이르는 각처에 모든 것이 살 것이며(겔 47:8-9).

그날에 산들이 단 포도주를 떨어뜨릴 것이며
　작은 산들이 젖을 흘릴 것이며
유다 모든 시내가 물을 흘릴 것이며
　여호와의 성전에서 샘이 흘러나와서
　싯딤 골짜기에 대리라(욜 3:18).

계곡에서 흘러내리고 산에서 솟아나는 것은 단순한 물이 아니라 포도주와 우유라고 그들은 말한다. 벅찬 기쁨의 회오리 속에서 포도주가 산에서 뚝뚝 떨어지고 수정같이 맑은 물이 사해에 흘러넘칠 것이며 생물이 살지 못했던 곳에 물고기들이 살게 될 것이다. 또한 성전에서 지속적으로 솟구치는 샘물이 온 누리의 메마른 계곡과 가슴을 적셔 생명이 번성하게 될 것이다.

이 말씀은 모두 과장법을 사용한 것이다. 표현이 불가능한 내용을 전달해야 할 때 과장법보다 더 좋은 방법이 어디 있겠는가? 벨든 레인이 한 이야기가 생각난다. 어느 프랑스 사람이 사막의 유목민으로 생활하는 베두인 족장 몇 명을 파리로 초청해서 휘황찬란한 도시 풍경과 문화를 보여 주었다고 한다. 베두인 족장들은 에펠탑을 비롯해서 파리의 유명한 건축물들을 구경했다. 예의를 갖춰 점잖게 감상을 했지만 얼굴에는 지루하다는 표정이 역력했다. 그러나 도시 외곽으로 가서 폭포를 보는 순간 그들의 두 눈이 휘둥그레졌다. 그들은 끊임없이 떨어지는 물줄기가 언젠가는 그칠 것이라고 생각했다. "그들은 자리를 떠나려 하지 않고 프랑스인 안내인에게 경외심에는 기다림이 필요하다고 단호하게 말하며…물줄기가 그치기를 기다렸다. 물이 한없이 떨어질 리 없다고 굳게 믿었던 그들은 '하나님이 정신없이 일하시다 지치시는 순간'을 기다렸다. 무모하고 광폭한 분출이 마침내 스스로 쇠약해지는 순간을 기다렸던 것이다."[1]

그 사람들은 수천 년간 끊이지 않고 쏟아지는 폭포수를 생전 처음 보았던 것이다. 우리는 모두 하나님이 부재한 사막에서 수천 년간 사는 법을 익혀 온 베두인 족이다. 그래서 다함이 없는 영광을 상상조차 하지 못한다. 그 영광을 이미 예수님 안에서 보았는데도 그렇다. 십자가에서 주님은 영광을 쏟아부으셨고 그분이 재림하시는 날, 그야말로 그 영광은 가장 빛날 것이다. 안식일에 우리는 지속적인 초강력 풍요로움 앞에 서 있을 기회를 얻을 뿐 아니라 믿음의 물잔을 보상의 방울로 가득 채울 수 있게 된다.

:: 축제의 잔

존 맥아더(John MacArthur) 목사는 이런 농담을 한 적이 있다. 설교는 마치 듣는 사람들의 물잔에 물을 한 동이 쏟아붓는 것과 같아서 사람들이 교회 밖을 나가는 순간부터 그 물은 줄줄 흘러나간다는 것이다. 나 역시 심혈을 기울인 강의들이 그런 결과일 뿐이라는 느낌을 받은 적이 있다. 물론 학생들 모두는 아닐 테고 몇 명 정도만 그랬을 거라고 믿고 싶다(내 추측이 틀릴지도 모르겠지만). 개중에 어떤 학생들은 친구들과 함께 그 잔을 부딪치며 흥겨운 노래를 불렀을지도 모른다. 안식일은 잔치다. 그런데 노래 없이 어떻게 잔치를 벌일 수 있겠는가? 존 웨슬리가 만든 초기 찬송가들은 그 당시 선술집에서 불리던 대중가요 곡조들을 사용했다고 한다.

이 장을 쓰는 동안 나는 에디 베더(Eddie Vedder)의 노래를 주로 들었다. 그는 하나님의 여성스러운 지혜를 노래하면서 크고 단단한 세상을 내리쪼이는 크고 단단한 태양보다 더 위대한 사랑의 마음을 노래했다.[2] 나는 죽음을 비웃기 위해 그의 노래를 듣고 있었다.

마스힐 신학대학원에서 실용강좌를 담당했던 젊고 유능한 여강사가 얼마 전에 뇌동맥류로 세상을 떠났다는 소식을 듣게 되었다. 당시 나는 애틀랜타 국제 공항 귀빈실에서 글을 쓰던 중이었다. 그 소식을 듣는 순간 눈물을 참을 수가 없었다. 귀빈실에 앉아 있던 사업가들과 중역들과 여성들이 성스러운 침묵에 재를 뿌린 나를 마치 거리의 노숙자 보듯 쳐다보는 시선이 느껴졌다.

나는 그 자리를 피해야만 했다. 어딘가 내게 고독과 위안을 줄 수 있는 곳으로 가야만 했다. 이 세상을 하직한, 내가 아끼고 부러워했던 동료를 위해 나는 잔을 높이 들어야 했다. 그녀는 본향에 있지만 나는 그렇지 못했다. 그녀는 영화롭게 되었지만 나는 영화로움에서 멀리 떨어져 있었다. 내가 할 수 있는 일은 눈물 흘리는 것밖에 없지만 그녀는 웃고 춤추며 자유롭게 그녀의 존재를 휘감고 있는 영광의 빛으로 찬란하게 빛나고 있을 것이다. 나에게는 음악이 필요했지만 그녀는 음악이었다. 그녀는 예수님께 노래를 부를 것이고 예수님은 그녀를 안고 춤을 추고 계실 것이다. 잔치가 시작되었으니까.

안식일은 작은 잔을 들어 올리며 영광에게 이렇게 속삭인다. "고맙습니다, 고맙습니다." 우리를 위해 주님이 부어 주신 것을 생각하면 우리가 할 수 있는 것은 오직 감사밖에 없다. 괴로운 세상에서 주님의 사랑을 맛보는

> 안식일은 작은 잔을 들어 올리며 영광에게 이렇게 속삭인다. "고맙습니다, 고맙습니다."

순간 우리는 주님을 향해 그리고 주님은 우리를 향해 저절로 노래를 흥얼거릴 것이며 그 노래만이 우리를 충만하게 채워 줄 것이다.

:: **가난한 자의 감사**

풍요로움은 결코 소유를 의미하지 않는다. 소유가 아니라 감사하는 마음을 의미한다. 이 세상 재벌들이 엄청난 재산을 선물 받고서도 놀라지 않는다면 그들이야말로 가장 가난한 사람이다. 그 재산은 결코 그들의 것이 아니다. 하나님의 보물을 단지 맡겨 주신 것에 불과하다. 그들이 똑똑해서 모을 수 있었거나 열심히 일을 해서 모은 게 아니라 하나님

이 주신 선물일 뿐이다. 행운에 의해서도 재수가 좋아서도 아니고 하나님의 전능한 뜻에 의해서인 것이다. 하나님이 그저 기쁨으로 주신 것이다. 이 세상의 가난한 사람들이 밥 한 그릇을 놓고 감사한다면 그들이야말로 재벌보다 더 부유한 사람이다.

나를 가장 숙연하게 만드는 장면은 달과 별밖에 가진 게 없는 가난한 사람들이 자신보다 못한 사람들에게 너그럽게 베푸는 모습이다. 미국인들의 기부금 통계를 보면 가히 충격적이다. 연봉이 10만 달러를 넘는 사람들은 총 기부금의 1.3퍼센트를 기부했고 연봉이 3만 5천 달러에서 5만 달러에 이르는 사람들이 거의 7퍼센트에 이르는 금액을 기부했다고 한다.[3]

기부금 통계를 보면서 우리는 무엇을 알 수 있는가? 안식일은 휴가가 아니다. 감사의 축제다. 누구에게 감사하는가? 당신은 누구에게 생명의 빚을 졌으며 누구 덕에 재창조의 기쁨을 맛보았는가? 지금 당신은 누구에게서 받은 은혜 때문에 남에게 은혜를 베풀 수 있는가? 누가 당신의 마음을 아프게 했으며 그로 인해 다른 사람의 상처를 보듬어 안을 수 있게 되었는가? 우리는 우리를 사랑한 사람이나 우리에게 해를 입힌 사람 모두를 축복해야만 한다. 그들 모두가 우리를 하나님의 잔치 자리로 인도해서 십자가의 섬김을 받게 했고 감히 하나님의 아들과 딸이라고 불릴 수 있게 해주었으니 말이다.

안식일의 빵

안식일은 인간을 위해 바친 예수님의 몸을 기리는 날이다. 지금 내 방 창문 옆에서 후다닥 날아오르는 새떼도 고마운데 처녀의 몸에서 아들을 주신 하나님의 돌출 행동(?)이야말로 참으로 기막히고 감격적인 일이 아닌가! 어떻게 나를 위해 주신 주님의 몸을 빵으로 먹을 수 있을까? 그분의 웃음과 눈물과 분노와 서글픔의 반죽과 이스트를 어떻게 맛보라는 말인가? 초강력 풍요로움과 초강력 충만함을 배제하고 어떻게 성육신을 생각할 수 있는지 나는 모르겠다. 이 세상에 오신 예수님은 온전한 인간이란 어떠한지를 완벽하게 보여 주셨다. 그분은 듬직했고, 순수했고, 화를 내었고, 서글픔을 당했고, 유혹을 받았고, 진실했고, 믿기지 않을 정도로 활기가 넘쳤던 분이셨다.

인간이셨던 예수님을 생각하면서 내 마음속에 그분의 음성(나를 위해 주님의 입에서 직접 하시는 음성)을 들려 달라고 했을 때마다 내가 들은 말들은 분명 남에게 전달할 수는 있었지만 예수님께 직접 들었을 때 느꼈던 벅찬 감격은 전할 수 없었다. 나는 예수님께 더 말씀해 달라고 졸랐다. 샤갈, 수프얀 스티븐스(Sufjan Stevens), 공항에서 글을 쓰는 동안 들려오는 사람들의 대화, 그런 것들을 통해 주님의 음성을 듣게 해달라고 간구했다. 그분의 음성을 들을수록 하늘이 주님의 영광을 선포한다는 사실뿐만 아니라 이 세상의 모든 존재가 주님의 영광을 선포한다는 사실에 놀랄 수밖에 없었다.

> 그분의 음성을 들을수록 하늘이 주님의 영광을 선포한다는 사실만이 아니라 이 세상의 모든 존재가 주님의 영광을 선포한다는 사실에 놀랄 수밖에 없었다.

안식일에는 주님의 임재라는 흔치 않은 빵을 맛볼 뿐 아니라 창조주의 풍요로움을 즐거워하는 사람들에게 그 빵을 나누어 줄 수 있다. 안식일은 우리 가족이 사랑의 빚을 지고 있는 사람들(친구나 지인, 원수들, 낯선 이들, 죽은 사람과 산 사람들)에게 전화를 걸거나 편지를 쓰는 날이다. 편지를 꼭 당사자에게 보내지 않아도 상관없다. 우리는 안식일에 쓴 편지를 그 다음날 구겨 버리기도 한다. 다만 그 흰 종이와 검은 글씨를 찬미의 빵으로 올려 드리며 우리 가족을 하나님께 연결해 준 사람들과의 재결속을 다짐하는 것이다.

안식일에 우리 부부는 지난 주간에 감명 깊었던 성경 구절을 서로 읽어 준다. 그 성경 구절들은 우리가 서로에게 먹여 주는 성육신의 빵이다. 우리가 세상을 밝히는 자리를 마련하지 않는다면 내 아내 안에 무엇이 생명의 불을 댕기고 있는지 어떻게 알겠는가? 우리 부부가 서로 성경을 읽어 주는 것은 작고 사소한 선물에 불과하다. 당신은 안식일을 함께 보내는 사람들에게 어떤 작고 사소한 선물(정확히 말해서 물건이 아니라 관심, 시간, 추억, 교육, 체험 등)을 선사하고 있는가?

여러 가지 사유로 나는 정식으로 요리를 배울 기회를 얻지 못했다. 비록 나이는 들었지만 그렇다고 내가 완전히 노쇠한 것은 아니다. 몇 번인가 아내의 도움을 받아 훌륭한 정찬을 만들어 낸 적도 있다. 우리는 요리책을 보면서 몇 가지 요리를 만들어 냈고 나는 지금도 얼마든지 그 요리들을 다시 한 번 만들어 보고 싶다. 우리는 안식일로 삼은 토요일 저녁을 요리하는 시간으로 정해서 (아내가 감독을 하고) 함께 요리할 때가 많다. 그럴 때는 주로 일요일 점심과 저녁 때 먹다 남은 음식을 주재료로 활용해서 요리를 한다. 감사의 빵은 다른 사람과 함께 나누어야 하고 우리를 위해 돌아가신 주님의 몸처럼 받아 먹어야 한다. 그러나 단지 감사를 먹는 것만으로는 부족하다. 우리는 또한 감사를 마셔야 한다.

안식일의 포도주

포도주는 생을 달콤하게 한다. 성경에도 "사람의 마음을 기쁘게 하는 포도주"(시 104:15)라는 표현이 등장하지 않는가! 여기에서 '기쁘다'(gladdens)는 단어는 적당히 술에 취한 상태를 의미한다. 성경에는 '술에 취한다'는 단어가 많이 나오는데 '마음을 기쁘게 하는'이라는 표현은 얼큰할 정도로 기분 좋게 취기가 도는 상태를 말한다. 내가 아는 어떤 사람이 "비어즈 브루잉"(Beers Brewing)이라는 양조회사를 개업했는데 그 회사의 모토가 "맥주 두 잔이면 모든 대화가 풀립니다"였다.⁴⁾ 즉 술에 만취하지 말고 몇 잔 술로 흥겨운 기분을 돋우자는 의미다.

앞에서도 언급했듯이 나는 약 1년 전에 당뇨병 진단을 받았다. 식이요법을 위해서는 알코올과 당분과 탄수화물을 제한해야 했다. 체중이 20킬로그램이나 빠졌고 먹는 즐거움도 잃어버렸다. 하지만 그 과정에서 포도주 역시 하나의 은유라는 사실을 깨달았다. 포도주를 자주 마실 수는 없어도 안식일의 포도주인 달콤한 감사에는 언제든지 참여할 수 있다.

내가 아는 사람 중에 월리스 스테그너(Wallace Stegner)의 소설을 탐닉하는 여성이 있다. 그녀는 주중에 그 소설을 읽지 않고 꼭 안식일에만 읽는다. 어떤 사람은 안식일에 좋아하는 음악을 들으며 기분 전환을 한다. 나는 종종 오비스 낚싯대에 줄을 끼우고 뒷마당으로 나가서 추억의 강물에 잠긴다. 나는 강에 익숙한 강(江) 사나이다. 여기에서 밝히지는 않겠지만 나는 강의 비밀과 선물을 알고 있다. 언젠가 물살이 잔잔한 곳의 전방 100미터쯤에서 스탠이 내 이름을 불렀다. 나는 강둑에서 10미터 정도 떨어진 곳에 있는 둥근 바위 오른쪽에서 막 낚싯대를 드리우려던 참이었다. 그늘에는 괴물처럼 거대한 연어가 잠복해 있었다. 던이 40센티미터짜리 송어를 낚았을 때 우리는 그 연어를 목격했다. 송어와 씨름을 하고 있는 사이 그 거대한 놈이 명성에 걸맞게 송어를 냉큼 집어삼켰다.

내 손에 전해지는 낚싯대의 감촉은 아름다운 리듬을 타고 내 마음을 달래 준다. 훈훈한 위로의 멜로디가 내 상상만큼이나 가까이에서 나를 보듬어 준다. 안식일의 주님은 말씀하셨다. "안식일이 사람을 위하여 있는 것이요 사람이 안식일을 위하여 있는 것이 아니니"(막 2:27). 받아 먹으라, 받아 마시라. 순전히 영광을 위하여!

8장
절망을 이기는 기쁨

안식일은 우리에게 불화와 결핍에 맞서 싸우라고 한다. 평강과 풍요로움의 한마당으로 불화와 결핍에 도전하라고 한다. 매주 자신의 역할을 위해 각본을 쓰라는, 그래서 안식일의 무대에서 새로운 구원의 연극을 공연하라는 요청이 쇄도한다. 안식일에 우리는 새 하늘과 새 땅이 열린 것처럼 연기하고 모든 절망과 죽음이 부활의 영광에 삼켜져 버린 것처럼 행동해야 한다. 그리스도인에게 안식일은 자유분방한 생동감으로 구원의 연극을 공연하는 날이다.

안식일은 절망과 죽음이 기쁨에 항복하는 날이다. 우리는 절망이 우리 삶에 이산화탄소처럼 스며들어서 우리가 죽음의 잠에 떨어질 때까지 교묘하게 잠입하고 있다는 사실을 알아내야 한다. 또한 안식일의 평강과 풍요로움을 기쁨으로 승화해야 한다는 점도 잊지 말아야 한다.

:: **희망에 대한 증오, 절망**

희망이 있는 사람은 현재의 고통에 연연하지 않고 자신의 깊은 갈망이 충족되는 날을 상상하며 심지어 허황되어 보이는 꿈을 꾼다. 우리가 손쉽게 이룰 수 있는 꿈들은 주로 쾌락과 연관되어 있다. 예를 들어, 내가 보트를 갖고 싶어 한다고 가정해 보자. 내가 사고 싶은 보트는 내 경제력으로 도저히 살 수 없는 것이다. 그래서 나는 파도를 뚫고 항해할 수 있는 6미터짜리 보트에 눈독을 들인다. 보트 가격의 3분의 1 정도지만 돈도 마련했다. 앞으로 몇 년만 있으면 그 보트를 구입할 만한 돈이 모일 것이다. 이것은 '일'에 기반을 둔 실현 가능한 꿈이다. 열심히 일해서 이룰 수 있는 꿈은 무엇이든 가치가 있다. 우리가 증오하는 희망은 그런 것이 아니다. 우리가 증오하는 희망은 단순한 일이 아니라 노동을 요구하는 희망이다.

루이스 하이드(Lewis Hyde)는 일과 노동의 차이를 이렇게 비교했다. "일은 우리가 정해진 시간에 하는 것이다.…반면에 노동은 스스로 시간을 정해서 하는 것이다. 일은 의지에 의해 이루어지는 의도된 활동이다. 노동 역시 의도된 것이기는 하지만 기초 작업을 하는 것과 노동을 방해하는 일을 하지 않는 것까지 포함되어야 한다. 노동은 스스로 시간을 정해서 하는 것이기 때문에 보통 게으름이나 여유 심지어 잠이 동반되기도 한다."[1]

생명을 주는 '노동'과 희망을 죽이는 '일'의 차이를 어떻게 설명해야 할까? 모든 노동은 과업을 완수하는 차원 이상의 것을 만들어 내고 단순한 보상보다는 더 위대한 무엇을 위해 누군가와의 연합을 추구한다고 설명할 수 있을 것이다.

벽에 페인트칠을 하는 것은 일이고, 페인트 사업을 시작해서 성실하게 일할 수 있는 직업을 선택하는 것은 노동이다. 문학 공부를 하는 것은 일이고, 시를 써서 부모의 죽음을 애도하는 것은 노동이다. 일은 자신의 수입을 조절해서 실현 가능한 꿈을 이루게 한다. 노동은 자신의 상상을 초월하는 무언가를 만들어 낼 수 있을지 없을지 그 가능성을 장담하지 못하더라도 꿈의 실현을 희생하라고 요구한다. 우리가 증오하는 것은 일이 아니라 바로 그 노동이다. 우리는 희박한 가능성을 위해 많은 것을 희생하느니 노동이 주는 희망을 죽이길 선호한다.

> 노동은 자신의 상상을 초월하는 무언가를 만들어 낼 수 있을지 없을지 그 가능성을 장담하지 못하더라도 꿈의 실현을 희생하라고 요구한다.

한 신앙 선배가 어느 날 내게 자기 옆자리에 앉아서 오전 내내 하나님이 무슨 말씀을 하시는지 기다리라고 했다. 아무것도 안 하고 하루 종일 바깥에 앉아서 하나님 말씀에 귀를 기울이며 기다릴 수 있을까? 만일 아무 일도 일어나지 않고 빈손으로 일어나야 한다면, 그래서 기대했던 내 자신이 바보같이 느껴진다면 어떻게 하나? 열심히 노력하고 일할 의향이 있는 사람도 노동은 두려워한다. 안식일은 일을 삼가고 노동을 해야 하는 날이다.

인간의 가장 큰 희망은 화해와 회복, 존재의 충만함과 완벽함이다. 그러한 꿈들은 돈으로 이룰 수 없다. 그러한 꿈들을 이루려면 반드시 희망의 노동을 해야 한다. 왜 우리는 희망의 '노동'을 감행하지 않고 희망을 죽이는 '일'만 하고 있을까? 어느 면에서 그 이유는 불화에 대한 후회와 결핍에 대한 걱정 때문이다. 희망을 죽이는 가장 큰 주범은 절망이다. 절망은 결코 비난과 공허로부터의 휴식을 용인하지 않는다.

:: 비난의 어두운 열매, 후회

　불화는 비난과 함께 후회를 동반한다. '왜 내가 그런 말을 해서 우리 우정에 금이 가게 했을까?', '왜 우리가 시애틀로 이사를 했을까?', '왜 전화를 걸어서 해임을 재고해 달라고 사정하지 않았을까?' 비난을 하다 보면 우리가 후회라고 부르는 힘겨운 되새김질에 돌입한다.

　후회는 이미 지나간 일에 대해 아무 소용도 없는 자책감을 안겨 줄 뿐이다. 우리는 불타서 잿더미가 된 집을 걸어다니며 한때 그 집이 얼마나 좋았는지, 자신이 얼마나 큰 실수를 저질렀는지를 생각한다. 과거 일을 하나하나 재생하면서, 사소한 일 하나만 제대로 했으면 그 모든 비극을 막을 수 있었을 것이라는 자책감에 사로잡힌다. '왜 그랬을까?'와 '이렇게만 했으면…' 사이를 방황하는 것이다.

　후회는 과거로부터 교훈을 배우려는 마음자세가 아니다. 똑같은 일이 다시 발생했을 때 어떤 과정이 필요하다는 이해와 분석의 시각으로 과거를 재생하는 태도는 필요한 것이다. 하지만 후회는 그저 절망하는 것이다. 운명의 여신이 자신을 지목했고 자신은 현재 그 운명을 바꿀 힘이 없다고 생각한다. 후회는 절망을 마신다. 진정한 희망을 갖지 못하기에 위로주 삼아 절망을 마신다. 그러나 절망의 위로주를 마시는 사람의 술동무는 걱정이다. 걱정은 언제든 안주를 집어 줄 태세로 절망 곁에 바짝 붙어 앉아 더 깊은 절망에 대한 갈증을 불러일으킨다.

∷ 공허함의 쓴 열매, 걱정

'만일 내가 결혼을 하지 않았다면, 아이를 낳지 않았다면, 승진을 했다면, 살을 뺐다면, 중독에서 벗어났다면, 부부 문제를 상담했다면… 어떻게 되었을까?' 이런 식의 의문은 꼬리에 꼬리를 물고 이어진다. 나는 걱정을 멈출 수 없을까 봐 걱정하는 사람을 본 적도 있다. 잠이 오지 않을까 봐 걱정하느라 잠을 설치는 사람도 봤다. 정말 잔인한 악순환이다. 걱정은 그 자체로 생명력이 있어 먹이를 주면 줄수록 기생충처럼 우리를 삼켜 버린다.

걱정은 공허함에 대한 두려움이다. '만일 내가 아무런 희망도 없이 끊임없는 고통에 시달려야 한다면 어떻게 살아갈 수 있을까?' 걱정은 확신과 용기를 갖고 미지의 세계를 탐험하려는 시도조차 멈추게 만든다. 불가항력적인 요인들 때문에 인생이 망가지면 어떻게 할지를 집요하게 생각하게 한다. 걱정은 후회를 미래로까지 확장시켜 과거의 슬픔을 극복하기란 거의 불가능하다고 단정지어 버린다.

그렇기 때문에 걱정은 안식일의 적이다. 안식일은 걱정에서 해방되어 신뢰하는 날이다. 후회와 걱정은 하나님이 없다는 전제하에

> 걱정은 안식일의 적이다.

이루어지는 것이다. 설령 하나님이 있다 하더라도 그 하나님은 자녀를 사랑하지 않거나 자녀를 위해 희생하지 않는다는 전제가 깔려 있다. 그렇기 때문에 걱정과 후회는 모두가 사탄에게서 나온 것이다.

절망은 과거의 잘못을 뉘우치지 않으려 하고 미래의 새로운 문을 열어 주신 주님의 은혜에 감사하지 않으려 한다. 또한 틀어질 염려부터 하

면서 미래에 대한 기대를 아예 접으려고 한다. 반면에 희망은 우리에게 새로운 미래를 열어 주고 진실한 꿈을 이룰 수 있는 기회를 포착하게 한다.

:: **절망의 자녀들**

절망은 여러 가지 형태로 나타난다. 절망의 가장 가까운 형제는 우울증이다. 우울증 뒤에는 항상 후회와 걱정이 포진하고 있다. 우울증에 걸린 사람에게는 먼저 건강을 돌보는 차원에서 우울증 치료를 받게 해야 한다. 그와 더불어 희망을 증오하는 문제도 다루어 줄 필요가 있다. 절망 가운데 살면서도 우울증에 걸리기는커녕 겉보기에 아무 문제 없어 보이는 사람들도 있다. 절망이 냉소주의, 인습주의, 소비주의라는 색다른 형태로 둔갑하는 경우가 많기 때문이다.

냉소주의

냉소적이 되는 건 서글픈 일이다. 냉소주의는 오늘날의 국제 공용어다. 요즘 사람들은 순진하고 순수한 것을 싫어한다. 심지어 어린아이들조차 그렇다. 언젠가 한 부부의 대화를 들은 적이 있는데, 임신한 부인이 남편에게 앞으로 아이가 태어나면 대여섯 살까지만 놀게 하고 그 이후에는 최고의 유치원과 최고의 초등학교에 보내겠다고 말했다. 그 아이의 앞날은 이미 유모와 공부와 특별 과외와 학원 수업으로 얼룩져 있었다.

냉소주의는 경멸과 소외감과 분열을 낳는다. 더욱더 삶의 주도권을 부여잡고 순수한 감사나 섬기려는 열정에 마음을 열지 않는다. 냉소주의는 결코 선을 위한 노동을 하지 않으며 위선자들을 파악하기에만 급급하다.

인습주의

인습주의는 같은 번호에 색을 칠해서 그림을 완성하는 색칠공부 놀이처럼 사는 것이다. 창의성도 희망도 필요 없고 오직 옳다고 하는 것 혹은 '지도자'나 '진리의 인도자'가 말하는 것에 의무적으로 순종하기만 하면 된다. 인습주의자는 자유라는 부담감에서 벗어나게 해주는 것을 따른다. 자유주의자와 보수주의자, 민주당원과 공화당원, 무정부주의자, 스킨헤드족, 동성애 인권운동가, 동성애 반대자 등 인습주의는 어느 누구에게서나 발견할 수 있다. 무조건 자기 주장이 우월하다고 주장하는 독단적 태도 속에 인습주의가 둥지를 트는 것이다.

보통 그들이 우월하다고 우기는 진리는 삶의 모든 면, 그러니까 단정한 복장에서 진정한 예술, 시간과 돈의 사용에 관한 모든 것까지 자기들만의 판단 잣대가 되어 준다. 인습주의로 얻는 이득이라면 뿌리 깊은 소망을 필요로 하는 게임에서 몸을 던지지 않아도 자신이 영웅시하는 사람들을 통해 대리 만족을 얻으며 살 수 있다는 것이다. 눈이 먼 채로 행복해하는 사람들은 어떤 면에서 소망 없이 살아가는 사람들이다. 그들은 희망에 대한 두려움조차 느끼지 못하기 때문이다.

소비주의

절망과 더불어 불만족을 유발하는 또 다른 열병은 소비주의다. 나는

8장 절망을 이기는 기쁨

지금 최신형 휴대전화를 갖고 있다. 이메일을 주고받을 수도 있고, 인터넷에도 연결이 되고, 사진과 동영상도 촬영할 수 있고, 아주 가끔은 전화를 걸거나 받기도 한다. 그런데도 나는 다른 종류의 휴대전화에 눈독을 들이고 있다. 필요하지는 않지만 갖고 싶다. 왜 그 휴대전화가 갖고 싶을까? 멋있기 때문이다. 손가락을 화면에 갖다 대기만 해도 화면이 순식간에 바뀐다. 지금 가진 휴대전화도 실용적이지만 새로운 휴대전화가 생기면 정말 아무런 불편 없이 무엇이든 할 수 있을 것 같다.

소비주의는 노동할 필요 없이 일만 해도 욕구를 만족시킬 수 있다고 유혹한다. 물질에 대한 욕구가 광범위해지고 그 대상이 고가에 이르게 되면 구입 가능성이 장기간 정체되면서 마치 자신이 노동을 하면서 인내심을 발휘하는 듯한 착각을 일으키게 된다. 구매를 거듭할수록 감사가 아닌 권태감만이 밀려들 때 절망은 서서히 고개를 쳐든다.

:: 감사와 절망

냉소주의, 인습주의, 소비주의를 비롯해 모든 형태의 절망은 감사하는 마음과 정면으로 부딪친다. 생의 모든 것을 선물로 여기는 사람은 자신이 그것을 받을 자격이 없다고 느낄 뿐 아니라 원하는 것을 갖지 못해도 불만을 품지 않는다. 감사하는 마음과 기쁨, 그리고 감사하지 않는 마음과 절망은 명백한 상관 관계에 있다고 나는 믿는다.

절망은 계속 같은 길을 돌고 있는 운전자와 같다. 똑같은 풍경을 보고 또 보면서 어떤 희망도 새로운 것에 대한 기대감도 갖지 못한다. 새 것과 새로운 경험을 원하면서도 자신이 가장 원하는 것을 얻기 위해 뺑

뺑이 도는 좁은 공간을 벗어나지 못한다. 절망은 상상력을 앗아간다. 전도서가 궁극적으로 말하는 것도 구속의 역사를 제외하고는 해 아래 아무것도 새것이 없다는 사실이다. 시애틀의 구름 낀 겨울날, 한 줄기 햇살이 비쳐 들어오면 침울했던 분위기가 한결 밝아진다. 그것은 하나님의 보이지 않는 신성을 맛보게 하는 은혜의 빛줄기라고도 할 수 있다(롬 1:20). 언제나 감사할 줄 아는 사람이 하나님의 성품을 깨닫게 된다.

감사할 줄 아는 사람은 경이로움만이 아니라 자유에도 마음을 연다. 무엇에든 고마운 마음을 품게 되면 눈으로 보는 것 이외의 세상을 볼 수 있는 눈이 열린다. 그건 마치 내가 최고로 성능 좋은 가정용 망원경으로 그동안 보지 못했던 은하수를 보았을 때와 같다. 내 친구는 망원경을 통해 육안으로 볼 수 없는 무한한 태양계를 볼 수 있도록 도와주었다. 내 입에서는 감탄사가 저절로 흘러나왔고 그 친구의 집을 방문할 때마다 그 놀라운 세계를 다시 보고 싶은 마음이 간절해진다.

> 감사할 줄 아는 사람은 경이로움만이 아니라 자유에도 마음을 연다.

선물을 받으면 그 선물은 마음의 빛으로 잉태되고 만삭이 되면 그 빛이 출생을 해서 다른 사람에게 선물로 되돌려주게 된다. 선물이 무엇이든 선물은 받는 사람보다 위대하고 우리는 자신이 받은 선물에 대등한 존재로 성장해야 한다. 루이스 하이드는 이렇게 말했다. "우리를 변화시킬 능력을 가진 선물은 영혼의 일부를 일깨워 준다. 그러나 우리가 선물을 받을 만한 존재가 될 때까지 선물은 주어질 수가 없다. 따라서 우리는 자신을 복종시켜 노동이 선물이 되도록 해야 한다. 선물을 준 사람에게 선물로 보답하는 것은 감사하는 마음으로 노동하는 최종 행위에 해당하며, 그렇기 때문에 처음 선물을 진정으로 받아들였다는 표시가 되는 것이다."[2]

감사하는 마음에는 반드시 보답을 해야 한다는, 그렇지 않으면 우리의 영이 짓눌려서 산산조각 날 것 같다는 불안감이 들어 있다. 하지만 그런 불안감을 없애기 위해 보답을 하지는 않는다. 우리는 선물이 되어 충만한 데까지 자신을 줄 수 있어야 한다. 갓 믿은 초신자들의 열정을 생각해 보라. 막 주님을 영접한 초신자들은 자신을 변화시킨 놀라운 신앙을 모든 사람에게 알리고 싶어 한다. 초신자의 열정은 보통 달게 먹을 수 있을 정도로 무르익은 열정이 아니다. 그래서 사람의 마음을 움직이기보다는 거슬리는 경우가 많다. 선물이 기쁨을 낳기 위해서는 감사하는 마음이 충분히 성숙해야 한다.

:: 안식일의 기쁨

기쁨은 가까이하기에 너무 먼, 어쩌면 수수께끼 같은 덕목이다. 기뻐하기 원하면서도 기쁨을 선물로 받을 만한 자격을 얻고자 하는 사람은 극히 드물다. 안식일 기쁨은 새 운동화를 신고 운동복을 입고 마라톤을 하겠다는 굳은 의지만으로 얻어지지 않는다. 아무리 뛰고 싶은 마음이 간절해도 훈련 첫날부터 마라톤 코스를 완주하기는 불가능하다. 기쁨은 선택이며 가혹한 고통을 통해서만 찾아온다는 사실을 명심해야 한다.

기뻐하기 원하는가? 그렇다면 고통을 두려워하지 말라. 기쁨이 다가오지 못하게 만드는 모든 것을 거침없이 몰아내는 것이 고통이다. 사람들은 기쁨보다 후회나 걱정을 더 좋아하는 경향이 있다. 하루 종일 어깨를 축 늘어뜨리고 평강과 풍요로움의 대화에는 등을 돌리는가 하면 무언가를 바라면서 투덜거리고 자기가 원하는 것이 없다고 슬퍼한다. 불평하는 사람은 소유욕 때문에 괴로워하는 동시에 누군가(자기 자신을 포함해서)에게 자신의 불행한 처지에 대한 대가를 치르도록 만든다.

기쁨은 선택 사항이다. 하지만 언제 기쁨이 오고 그 기쁨이 얼마나 머물지를 누구도 조정하거나 통제할 수 없다는 게 기쁨의 딜레마다.[3] 기쁨이란 무엇인가? 기쁨은 아름다움만큼이나 정의하기가 어렵다. 기쁨은 달콤한 광기의 어루만짐이며 하나님이 자기 심장박동보다 더 가까이 느껴질 때 맛보는 희열이라고 한다면 그나마 그럴듯한 정의가 될 수 있을까?

안식일 기쁨은 단순한 즐거움, 심지어 행복이나 존재의 홀가분함보다도 훨씬 더 깊고 오묘하다. 기쁨은 성공이나 보상이나 영예의 순간 같은 것과는 그다지 연관성이 없다. 오히려 자신이 처한 상황과 연관성이 있다. 그렇다고 해서 상황이 순조롭게 풀릴 때에만 기쁨을 느끼는 것은 아니다. 사실 내 경우에도 어둡고 힘든 시기에 기쁨을 맛보았던 적이 많다. 가슴이 미어지고 혼란스러운 순간에 기쁨이 찾아왔다. 특히 죽음과 깊은 관련이 있었다. 친구나 우정이 죽었을 때, 꿈이 죽었을 때, 원대한 포부로 가장했던 환상이 죽었을 때 기쁨이 찾아왔다. 죽음은 기쁨이 들어오기 위한 필연적 출입문이었던 셈이다.

안식일은 죽음에서 도망가는 날이 아니다. 오히려 죽음이 승리하지 못한다는 약속을 받는 날이다. 죽음이 우리를 해치지 못한다고 죽음에 등을 돌리는 날이 아니라 죽음은 최종 권력자가 아니라고 그 앞에서 의연하게 행동하는 날이다.

8장 절망을 이기는 기쁨

어느 안식일에 우리 부부는 산책을 하면서 아내를 실망시켰던 한 친구에 대한 이야기를 나누었다. 이야기를 하면 할수록 죽음이 안식일의 기쁨에서 우리를 멀어지게 한다는 느낌이 들었다. 하지만 자못 심각한 대화였기 때문에 "이건 안식일에 할 이야기가 아니야"라고 가볍게 아내의 말을 자를 수가 없었다. 모처럼 가진 우리 부부만의 시간이 점차 퇴색해 가고 있었다. 나는 결국 아내를 보며 한 가지 제안을 했다. "주님을 아는 것도 기쁨이요, 그분의 부활의 능력과 고난의 교제를 나눈 것도 기쁨인데 그 기쁨을 우리가 정말로 믿는다면 지금 이 대화가 어떻게 달라질 것 같소?"

우리 둘 다 딱 부러지게 대답할 말을 찾을 수 없었다. 처음에 아내는 내 질문이 불쾌한 모양이었다. 나 역시 머쓱해졌다. 좀더 유쾌한 주제로 말을 돌릴 수도 있었지만 그렇게 하면 죽음에게 승리를 안겨 주는 꼴이었다. 안식일 기쁨에는 시작과 멈춤의 연습이 필요하고 절망을 비웃는 데 실패해도 다시 용기를 내어 절망을 비웃는 훈련이 요구된다. 아내는 내게 함께 걷자고 말했다. 걸으면서 기도하고 주변 숲의 아름다운 맥박 소리에 귀를 기울여 보자고 했다. 잠시 후 아내가 나지막한 음성으로 입을 열었다. "그 친구는 비난과 상처를 달고 사는 아이예요. 나는 행여 화를 더 돋울까 염려해서 그 친구가 심한 말을 해도 그만두라는 말을 하지 못했어요. 화나는 것을 그냥 꾹꾹 누르고만 있었지 그 친구 생각은 전혀 안 했던 것 같아요."

나는 아내의 말을 들으며 아내의 얼굴을 쳐다보았다. 속마음을 이야기하고는 있었지만 얼굴에서는 전혀 기쁨의 흔적을 찾아볼 수 없었다. 친구를 미워하던 마음에서 이제는 자신의 잘못을 인정하는 단계로 나아갔던 것이다. "우리가 조금 기쁨 근처에 다가온 걸까?" 아내는 내 말에 싱긋 웃으며 "그냥 날 가만 내버려둬요. 안식일 씨!"라고 받아쳤다. 우리는 깔깔대며 웃기 시작했다. 아내의 미소가 돌아오고 눈빛이 반짝이는 모습에서 이제는 아내에게 구름이 걷히고 다시 햇살이 비치는 것을 확인할 수 있었다. 그 후 우리는 훨씬 더 흥미롭고 유익한 이야기로 대화의 주제를 옮겼다.

안식일에 느끼는 기쁨은 안식일을 함께 보내는 사람과 깊은 연관이 있다. 의식적으로 절망에 치우치지 않고 죽음을 비웃을 줄 아는 사람이 아니라면 나는 그와 함께 안식일을 보내고 싶지 않다. 가장 거룩한 날을 누구와 함께 보낼지 신중하게 선택하기 바란다. 내게는 30년간 동거동락한 아내보다 더 기쁘게 안식일을 함께 보낼 수 있는 사람이 이 세상에 없다. 아내는 일주일간 함께 울어 주는 존재이고 죽음을 비웃으면서 안식일의 용기를 심어 주는 존재다.

> 그러나 안식일은 소수가 아니라 많은 지인과 함께 즐겨야 할 잔칫날이다.

그러나 안식일은 소수가 아니라 많은 지인과 함께 즐겨야 할 잔칫날이다. 중요한 것은 사람들의 숫자가 아니라 잔칫상에 둘러앉은 사람들이 어떤 사람들인가 하는 점이다. 슬픔과 기쁨, 함께 있기를 두려워하지 않는 사람들과 잔치를 즐겨야 한다.

사도 바울은 십자가에 못 박히신 주님처럼 자기 자신을 내어줄 때 진정한 기쁨을 느낄 수 있다고 말했다. "만일 너희 믿음의 제물과 섬김 위에 내가 나를 전제로 드릴지라도 나는 기뻐하고 너희 무리와 함께 기뻐하리니 이와 같이 너희도 기뻐하고 나와 함께 기뻐하라"(빌 2:17-18).

안식일 기쁨이 무엇인가? 우리는 죽음의 파편에도 불구하고 하나님의 기쁨에 합류할 수 있는 은혜를 입었다. 사랑이 죽음보다 강하고 하나님의 광기가 인간의 지혜보다 분별 있다는 사실에서 우리는 일종의 희열을 느낀다. 또한 기쁨은 생명을 주기 위해 전제로 부어진 주님의 존재 가운데 발견된다. 죽음은 패배할 뿐 아니라 자유를 위한 유일한 뼈대가 되어 줄 것이다. 우리의 가슴앓이는 우리 이야기만이 아니라 죽음과 부활을 이야기하는 드라마다.

우리의 기쁨은 단순하다. 가끔은 드라마 연출자이신 하나님이 기쁨으로 우리에게 복을 주신 위대한 이야기를 깨닫는 날이 있다. 그 놀라운 날의 기쁨은 다가오는 일주일 동안 우리의 감각으로 하여금 하나님의 기쁨에 집중하게 한다. 하나님은 자신이 창조하신 인간들 각자에게 비교할 수 없는 새로운 복을 무제한으로 쏟아부으시며 "자, 보아라. 내 사랑하는 딸(아들)아!"라고 말씀하고 싶어 하신다.

안식일에는 지난주의 앙금을 말끔히 지워 버리고 오로지 그분의 기쁨에만 귀를 기울여야 한다. 우리는 '일'이 아닌 '노동'을 해야 한다. 긴 의자에 몸을 쭉 펴고 푹신한 베개를 베고서 마음을 가라앉힌 후 "왕 중의 왕, 나의 아빠 하나님, 제게 무슨 말씀을 하고 싶으신가요?"라고 질문하라. "제가 무엇으로 하나님의 마음을 기쁘게 해드릴 수 있을까요?"라는 질문은 절대 주제넘은 질문이 아니다.

하나님이 평강과 풍요로움 가운데 우리에게 들려주시려는 말씀을 기쁨으로 기다리는 것, 그 기다림이야말로 참으로 대범한 소망이다. 안식일 기쁨은 하나님의 자녀들을 위해 비난의 소리를 찬양으로 바꾸고 결핍의 공허를 넘치는 은혜의 축제로 바꾸어 준다.

3부

안식일의 실천

9장 안식일의 의식과 상징
10장 안식일의 침묵
11장 안식일의 정의 구현

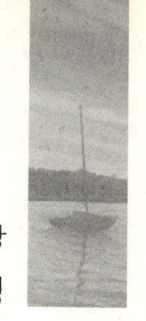

9장
안식일의 의식과 상징

우리는 연극을 보기 위해 자리를 잡고 앉았다. 애석하게도 연극표를 너무 늦게 구입하는 바람에 우리 여섯 명의 좌석은 커다란 공연장 여기저기에 뿔뿔이 흩어져 있었다. 공연장에 도착하기 전, 우리는 여섯 장의 표를 무작위로 하나씩 나눠 가졌다. 우리 아들 앤드류는 2층에서도 거의 뒤쪽에 해당하는 좌석표를 받았다. 그래도 그애는 상관하지 않았다. 어차피 연극 같은 것을 보면서 시간 낭비하기를 원치 않았으니까 무대에서 수백 킬로미터 떨어져 있더라도 열아홉 살 아이에게는 낭패가 아닐 것이다.

내 좌석은 맨 앞줄에서 오른쪽 여덟 번째에 있었다. 그 자리에서 앤드류를 찾는 게 헛수고라고 생각했는데 내 자리에 앉고 5분쯤 지나서 앞좌석 부근을 기웃거리는 앤드류를 발견하고 말았다. 녀석은 꽤나 기분이 좋아 보였다. 잠시 후 아들 녀석은 무대에서 불과 30센티미터밖에 떨어지지 않은 중간 좌석에 떡 하니 자리를 잡고 앉았다.

막간 휴식 시간에 나는 앤드류를 붙잡고 그 자리를 내게 양보하라고 다그쳤다. 어차피 어느 자리에 앉아도 상관없을 테니 좋은 자리를 내게 양보하라는 것이었다. 아들 녀석은 뇌염모기라도 보듯이 나를 쳐다보다가 가차 없이 내 손을 뿌리쳤다. 양보는 무슨 양보 아들은 신이 나서 어쩔 줄 모르고 있었다. 마치 프로레슬링 경기를 보는 사람마냥 앤드류는 연극 배우들의 연기와 땀방울에 매료되어 있었다. 사실 당연한 일이다. 연극은 우리 삶이니까.

:: **세상이라는 무대**

셰익스피어는 연극에 인생을 담는 획기적인 시도를 기획했다. 원래 연극은 사회적 지위가 낮은 평민들이 즐기던 대중문화였다. 학력이 높은 사람이나 종교인들은 연극을 저속하고 천박하게 여겼기 때문에 그 당시의 연극은 지식층이나 귀족이 아니라 농부, 목수, 하인들을 위해 만들어졌다.

연극에는 줄거리가 있고 그 줄거리를 통해 우리는 자신의 이야기, 즉 존재의 딜레마를 보게 된다. 연극은 우리네 인생과 너무도 흡사해서 그 짧은 시간 안에 각인각색의 인물, 끊임없는 대화, 고통당하고 승리하는 모습을 보여 준다. 영화는 어떤 면에서 연극보다 더 현실적이다. 영화는 연극처럼 제한적인 무대에서 펼쳐지지 않기 때문이다. 그럼에도 불구하고 관객들에게는 필름이라는 2차원적 매개물이 연극보다 더 멀게 느껴진다.

연극은 우리를 무대 위로 올려놓고 우리 인생의 배우가 되게 한다. 훌륭한 연극은 공연이 끝나고도 우리를 놓아주지 않는다. 무대에서 펼쳐지는 연극이 자신의 인생과 교차한다는 것을 우리는 본능적으로 알아

차린다. 우리가 실제 삶에서 연기해야 하는 역할에 연극의 줄거리가 녹아 있다. 신학과 연극의 교차점을 한스 우르스 폰 발타자르만큼 심오한 필치로 묘사한 사람도 드물 것이다. "하나님은 관객들이 모노드라마를 보는 것처럼 우리가 그분을 그저 성찰하거나 바라보기를 원치 않으신다. 태초부터 하나님은 우리 모두가 참여할 수 있는 연극을 마련하셨다."[1]

:: 연기하시는 하나님

하나님은 우리가 인생을 영원한 드라마라는 관점에서 보기를 원하신다. 우리에게는 각자의 역할과 대본이 주어져 있을 뿐 아니라 인류의 운명을 드러내는 더 숭고한 줄거리를 위해 인생을 살아야 하는 의무도 주어져 있다. 정작 우리가 이해할 수 없는 것은 우리가 하나님의 연극에서 공연한다는 게 아니라 하나님이 우리 연극에 참여하신다는 점이다. 발타자르의 말을 들어 보라. "하나님은 자신의 연극에 참여하신다. 또 우리에게 그분의 연극에 참여하라고 초청하신다. 하나님은 이 세상을 무대로 삼으셨지만 세상은 나름대로 배우와 대본을 정해서 그들의 연극을 만들었다. 그럼에도 불구하고 하나님은 우리의 무대에서 연기하기를 원하신다. 그것은 연극 안에서 펼쳐지는 연극이다. 즉 우리의 연극은 그분의 연극 안에서 공연되는 것이다."[2]

하나님이 어떤 역할을 택하시든 그분은 우리를 활기차게 하고, 고민하게 하고, 그분의 임재와 부재를 위한 연기에 몰입하게 만든다.

인간은 하나님의 연극 안에서 연기한다. 그러나 인간의 거역이 그들의 드라마를 창작해 냈고 그로 인해 하나님은 우리 연극에 들어오셔서

9장 안식일의 의식과 상징

165

별도의 두 이야기를 하나로 연결하는 것 이상의 행동을 취하셔야만 했다. 하나님의 개입은 우리를 비극의 악인 역할에서 비극 코미디의 영웅으로 탈바꿈시켰다. 하나님의 출연은 모든 연기자로 하여금 연기에 돌입하게 만들지만 그분의 부재(不在)는 모든 연기자로 하여금 자신의 인간성과 조화를 이룬 더 생생한 연기를 펼치도록 만든다. 하나님이 어떤 역할을 택하시든 그분은 우리를 활기차게 하고, 고민하게 하고, 그분의 임재와 부재를 위한 연기에 몰입하게 만드신다.

:: **하나님과 함께 연기하기**

사람들은 드라마를 좋아한다. 자기 이야기가 아니라 남의 이야기여도 좋아한다. 창녀와 애정 행각을 벌이던 정치가가 몰락하는 드라마도 좋아하고, 노래나 춤 경연 대회에서 결승에 오를 후보를 선택하는 데도 대단한 관심을 나타낸다. 현장에서 생생하게 펼쳐지는 오락 프로그램, 운동 경기, 유명인들의 사생활 폭로 잡지들이 사람들의 인기를 끌고 있다. 그러면서도 우리는 자신의 역할을 강요하는 매일의 드라마를 피해갈 수 없다.

우리는 선택의 여지없이, 때로는 자신의 의지와 무관하게 무대에 서서 연기를 펼쳐야만 한다. 우리의 드라마가 계속 진행되기 위해서 우리는 쉬지 않고 말하며 연기해야 한다. 자신의 대본이 마음에 들지 않아도 어쩔 수 없다. 연극을 하면서 우리는 서서히 줄거리의 복잡함을 깨닫고 연기하기 힘든 비극적 대목도 발견한다. 발타자르는 이렇게 말했다. "인간은 연기 수업 없이 세상 무대에 올라간다. 아이가 말을 배우면 곧바로 자신의 역할을 소화해야 한다. 그 역할은 미리 확정된 것인가, 아니면 선택과 수정이 가능한가? 아무도 그 질문에 대답하지 못한다. 그 역할을 해 본 사람이 아니라면 (최소한 암암리에도) 그 질문에 대답하기란 불가능하다." 그것은 "내가 누구인가?"라는 질문이고, "배우가 좋건 싫건 연극이 시작되기 전이나 시작된 후에 반드시 대답해야 하는 질문이기 때문이다."[3]

우리는 연극이 진행되는 동안 자신이 누구인지를 알아 간다. 연기를 하고 특정한 과정을 선택해 가면서 자신의 역할이 점차로 분명해진다. 줄거리는 더욱 복잡해지고 우리가 해야 할 일도 많아진다. 연극이 극단으로 치달을수록 우리가 지닌 최고와 최악의 모습이 드러난다. 하나님도 우리의 연극에 참여하신다. 우리는 하나님과 함께 자신의 역할을 연기해 낸다. 하나님과 우리의 상호 작용은 관객이나 배우들이 전혀 생각하지 못했던 방향으로 이야기를 전개시킨다. 잘 짜인 대본이 있다고 해도 하나님은 연극이 끝나기 전에 우리에게 상투적인 대본에서 벗어나 즉흥 연기를 해보라고 요청하실 것이다. 우리 자신을 발견하기 위해, 그리고 관객들에게 핵심 주인공을 보여 주기 위해 하나님은 우리의 창작을 원하신다.

당신과 나에게는 각자의 역할이 있다. 하지만 우리는 모두 다른 배우들과 함께 무대 위에서 스스로 연기를 해내야 한다. 누구나 마찬가지다. 무질서하고 엉망진창인 연극이 될 것 같지만 사실은 그 자체가 크나큰 특권이다. 엉망진창 연극에 참여하여 새로운 일관성의 진정한 실체를 발견하기 때문이

> 무질서로 인해 우리는 인생에 더 이상 의미를 주지 못하는 의식과 상징을 깨닫고 새로운 방식의 삶에 대한 가능성을 보게 된다.

다. 무질서가 없다면 그러한 일관성을 발견하지 못할 것이다. 무질서로 인해 우리는 인생에 더 이상 의미를 주지 못하는 의식과 상징을 깨닫고 새로운 방식의 삶에 대한 가능성을 보게 된다. 프리초프 카프라(Fritjof Capra)는 이렇게 말했다. "과학은 이 혼란한 세상을 '불안정성의 절정'이라고 부를 것이다. 극적이며 예측 불가능한 사건들이 일어나는가 하면 임의로 질서가 생성되고 복잡함이 드러나기 때문이다."[4]

나는 무대 위에 올라서 보기 드문 열연을 펼치는 한 남자를 보고 있었다. 그는 어린 시절부터 자신에게 성적인 피해를 입혔던 어머니에 대해 고백하는 중이었다. 그의 어머니는 자신의 나체를 지속적으로 보여주거나 안마 등의 신체 접촉을 통해 아들을 자신에게 묶어 두었다. 성인이 된 후 그는 전문 기술자로 일하면서 고객을 위해 몸을 사리지 않고 일했으며 수십 년간을 고통스런 기억에서 도망다녔다. 그는 전사(戰士)였다. 거칠고 저돌적이었고 난폭했다. 그는 한시도 마음 편히 지내 본 적이 없었다. 그의 삶은 끊임없는 일의 연속이었다. 아내에게는 비싸고 좋은 차를 사 주고 자신은 싸구려 고물차를 몰고 다녔다. 가족에게는 부와 특권을 안겨 주었지만 스스로는 성공의 어떤 달콤함도 즐기기를 거부했다.

하루라도 쉬는 것이 겁이 나서, 안식일을 지킨다는 것은 그에게 상상조차 할 수 없는 일이었다. 성적인 학대 속에서 기쁨은 증발해 버렸다. 극복할 수 없는 내면의 상처는 그에게 극도의 수치심을 안겨 주었다. (부분적으로나마) 수치심을 몰아낼 수 있는 길은 오직 끊임없이 움직이는 것이었다.[5]

우리는 자신이 왜 기쁨의 안식일을 지키고 싶어 하지 않는지 정직하게 물어 보지 않는다. 여러 가지 이유로 인해 침묵이나 놀이나 기쁨을 달갑지 않게 생각하는 사람들이 의외로 많다. 심지어 어떤 이들에게는 그것이 고문이기도 하다. 방금 이야기한 남자도 기쁨의 세계에 들어가기를 거부했다. 어머니에게 성적으로 이용당했던 불쾌한 기억이 그를 계속 끌어당겼기 때문이었다. 그는 정신없이 분주한 삶을 살아 왔고 멈추어서 뒤를 돌아본 적이 없었다. 조금이라도 속력을 늦추면 자신이 어떻게 될지 두려워 필사적으로 움직였다. 한번은 너무 괴로워서 자살을 시도하고 싶었으나 너무 바빠서 실행에 옮기질 못했노라고 했다.

막다른 골목에 서 있던 그는 여러 사람의 도움과 진지한 대화를 통해 마침내 자신의 문제를 인정하기에 이르렀다. 그는 증오의 대본이 점차 소중하게 여겨졌고 자신이 연기해야 하는 삶을 사랑하기에 이르렀다. 어머니와 그 문제를 정면으로 이야기했을 때 그의 우려에도 불구하고 어머니는 본인의 잘못을 시인했다. 서서히, 아주 서서히 새롭고 거룩한 모자 관계가 형성되기 시작했다.

그는 내게 자신의 이야기를 하다가 잠시 말을 멈추더니 문득 이런 말을 했다. "제가 재미있는 이야기 하나 해드릴까요? 저희 집에 새 책꽂이를 하나 들여놓았어요." 예전에 있던 책꽂이는 싸구려 판자로 약간의 장식을 넣어 그가 손수 만든 것이라고 했다. 쓸 만은 했지만 그의 아내 말로는 모양새가 형편없었다고 한다. 그것은 그가 얼마나 기쁨으로부터 도망치는 삶을 살았는지를 말해 주는 하나의 상징과도 같았다. 그는 계속해서 이렇게 말했다. "어머니하고 관계가 좋아진 뒤부터 저는 더 이상 그렇게 초라한 싸구려 물건들과 살고 싶지 않았어요. 날마다 하나님의 선하심을 생각나게 하는 뭔가 근사한 것이 갖고 싶었지요."

9장 안식일의 의식과 상징

그래서 바꾸게 된 것이 책꽂이였다. 예전의 책꽂이는 기쁨에 대한 증오를 상징했기에 이번에는 어머니의 회개와 그의 아름다운 용기를 기리는 상징이 필요했던 것이다. 안식일을 누릴 만큼 용기 있는 사람이라면 누구에게나 그런 상징이 필요하다. 안식일에 영원을 꿈꾸는 사람들은 현재 혹은 과거의 삶에 묶여 있을 수 없다. 안식일 드라마의 소품과 의상과 무대가 되는 상징과 의식으로 안식일의 아름다움을 표현해 보는 것은 어떻겠는가?

:: 무대 장치: 안식일의 의식과 상징

안식일의 의식과 상징이란 거룩하고 구속된 날의 드라마에 걸맞게 우리가 행하는 독특한 방법들을 의미한다. 안식일의 상징에는 촛불을 켠다든지 좋은 식기로 식탁을 차리는 일 등이 해당된다. 의식이라고 하면 안식일의 부부 성관계, 숲속 산책, 등산 같은 일을 들 수 있다. 우리가 어떤 대본을 쓰든지 그것은 모두 안식일 드라마를 창작하고 그 드라마에 참여하기 위한 것임을 잊어서는 안 된다.

유구한 역사를 거쳐 현재까지 내려오는 안식일의 전통적인 상징과 의식들이 많다. 그중에는 오늘날에도 얼마든지 사용 가능한 것들이 있다. 과거의 전통을 무시하는 것은 교만한 태도지만 의미 없는 과거의 상징들을 무조건 따라하는 것도 어리석은 일이다. 의식과 상징을 어기거나 잊어버린다고 해서 안식일을 송두리째 망쳐 버리는 게 아니다. 우리에게는 얼마든지 새로운 상징들을 만들어 내고, 과거의 것을 빌려오고, 여러 가지를 합성할 수 있는 자유가 있다. 안식일의 의식과 상징들은 평강과 풍요로움과 기쁨을 주기 위한 수단이 되어야 한다고 나는 생각한다.

평화

이스라엘에서는 보통 초를 두 개 켜면서 안식일을 시작한다. 그 촛불은 은은한 향기와 작고 여린 불빛을 지닌 따사로움과 초대의 상징이다. 촛불은 주변 어둠이 보내 오는 최후통첩을 불허한다. 우리 아내에게는 안식일에 밝히는 안식일 초가 있다. 보통 이스라엘 가정에서는 안식일의 여왕이 도착했음을 상징하는 의미로 집안 여자들이 촛불을 밝힌다. 여왕을 자신의 집으로 맞을 준비가 다 되었다는 표시로 어둠이 내리기 전에 초에 불을 켜는 것이다. 우리 가족은 안식일을 지킬 때 전통적인 안식일 기도를 느리기도 하고 그날에 가장 하고 싶은 일을 즉흥적으로 제안해서 함께 하기도 한다.

우리 부부는 가끔 서로를 축복하는 시간을 갖는다. 아내는 지난 주간의 일들과 우리 부부가 나눈 정담들을 곰곰이 생각하면서 그 주간의 어려움을 통해 내 안에서 어떤 좋은 면을 보았는지를 이야기한다. 그 이야기보따리는 열 때마다 신명 나는 아내의 선물이 아닐 수 없다.

안식일 전날, 함께 머리를 맞대고 내가 할 요리를 궁리할 때도 있다. 앞에서도 언급했듯이 올해는 내가 요리하는 법을 배웠기 때문에 일요일 점심과 저녁에 먹다 남은 재료들을 활용하여 꽤 근사한 안식일 만찬을 준비할 수 있게 되었다. 아내의 친절한 가르침과 배려야말로 내

> 모든 활동에는 그에 걸맞는 맛과 향기와 소리와 감촉과 이미지를 기쁨의 연합으로 이끌어 내는 평화가 포함되어야 한다.

9장 안식일의 의식과 상징

게는 평화의 선물이다. 모든 활동에는 그에 걸맞는 맛과 향기와 소리와 감촉과 이미지를 기쁨의 연합으로 이끌어 내는 평화가 포함되어야 한다.

사실 안식일은 텔레비전을 시청하는 날이 아니고 안락의자에 앉아 시시한 잡지나 뒤적이는 날도 아니다. 안식일은 결코 그렇게 보내라고 있는 날이 아니다. 평화는 싸움이나 갈등이 없는 상태가 아니라 전혀 다른 것들이 모여서 각 개체보다 훨씬 더 훌륭한 하나의 통합체를 이루어 내는 것이다.

그렇다면 전혀 다른 존재들이 연합과 조화의 경지에 이르렀음을 나타내는 것은 무엇일까? 당신과 전혀 다른 견해를 갖고 있는 사람들을 집에 초대해서 함께 식사를 하며 그들이 어떤 과정을 거쳐 그런 결론에 이르게 되었는지를 알아 보는 것은 어떻겠는가? 평화는 상대의 동의를 이끌어내기 전에 먼저 대접하고 배려하는 것이며 토론과 논쟁을 벌이기 전에 상대가 어떤 길을 걸어서 그만의 의미에 도달했는지를 관심 있게 들어 주는 것이다.

온 가족이 함께 그림을 그린다거나 공동 작업에서 각자가 이룩한 성과를 보며 평화를 누리는 방법도 있다. 아내와 나는 어린이 놀이치료에 이용하는 모래상자놀이(상자에 담긴 모래를 꾸미거나 상자 밖의 소품을 이용한 심리치료 기제의 일종—역주)를 함께 했다. 예상한 대로 정말 흥미로운 놀이였다. 특히 절친한 친구 한 명이 우리가 만든 작품을 해석해 주었기에 아주 의미 있는 시간이 되었다. 자, 이렇게 질문해 보라. 평화롭게 놀기 위해서 무엇을 하면 될까?

우리가 아는 사람 중에 음악을 전공한 사람들이 있는데 안식일에 가끔 악기 연주자나 성악가들을 초대할 때가 있다. 그때 그들이 만들어 내는 리듬과 화음은 내가 알고 있는 평화 의식 중 최고라는 생각이 든다. 나는 그저 박자에 맞추어 발을 까딱거린다(그것도 대개는 엇박자로). 그들의 음악에 너무 심취하다 보니 어느새 '나도 구금(Jew's harp)이나 좀 배워 볼까' 궁리하는 지경에 이르고 말았다.

풍요로움

내가 아는 어떤 여성은 일주일에 한 번 이상 비싼 물건을 사야만 직성이 풀린다. 그녀는 스카프나 부츠나 보석 등 값비싼 물건을 사들이면서 그것이 일주일간 죽어라 일한 것의 작은 보상이라고 생각한다. 내가 그녀에게 똑같은 옷을 두 번 입은 모습을 본 적이 없다고 말하자 해가 동쪽에서 뜬다는 소리를 들은 것마냥 시큰둥한 표정을 지으면서 "열심히 일했으니 그 정도는 누려야죠"라고 대꾸했다. 하지만 그녀의 얼굴에서는 아무런 기쁨도 찾아볼 수 없었다. 자신은 그것을 받을 만한 자격이 있다고 생각하는 사람에게는 감사가 불가능하다.

자신이 받을 만큼 받는 것은 공정이라는 저울추를 균형 맞추는 일에 불과하다. 수백 달러를 지불하고 시계를 사 왔는데 상자 뚜껑을 열어 보니 20달러짜리 싸구려 시계가 들어 있었다고 가정해 보라. 속았다는 생각에 분이 나서 어쩔 줄을 모를 것이다. 그것은 전혀 공정한 거래가 아니기 때문이다. 그런데 만일 시계 상자를 열었을 때 그 안에 수천 달러짜리 시계, 즉 모조품이 아니라 진짜 최고급 시계가 들어 있다면 어떻게 할까? 나는 깜짝 놀라서 시계방 주인에게 전화를 걸어 뭔가 대단한 착오가 있는 것 같다고 이야기할 것이다. 그때 주인에게서 "착오가 아닙니다. 그 시계는 저희가 드린 것입니다"라는 대답을 듣는다면 기분이 어떨까? 이 경우에도 역시 공정하지는 못하지만 뜻하지 않게 받을 자격도 없는 선물을 받았으므로 나는 고마워서 할 말을 잃고 말 것이다.

예수님은 이렇게 말씀하셨다. "안식일이 사람을 위하여 있는 것이요 사람이 안식일을 위하여 있는 것이 아니니"(막 2:27). 사치와 낭비를 하지 않고도 고마움을 느끼게 할 만한 일로는 무엇이 있을까? 안식일을 시작하는 일반적인 방법은 안식일 식사를 하는 것이다. 요리 재료는 일주일 내내 먹은 음식 중에서 가장 좋은 것이어야 한다. 안식일 만찬은 마음껏 먹고 마실 수 있는 유일한 식사다. 혹시 포도주를 곁들일 생각이라면 요리한 음식과 어울리는 것, 그리고 얼마짜리냐고 물을 때 대답 대신 씩 웃을 수 있는 최고급 포도주로 준비하는 게 좋다. 그 어느 것도 연구와 도전과 시행착오 없이는 이루어지지 않는다. 안식일에는 은혜를 입는 게 마땅하지만 그 은혜라는 것이 반드시 우리가 먹고 마시는 음식이어야 하는 것은 아니다. 사실 음식이 훌륭하고 맛있을수록 먹는 양은 줄어야 한다고 나는 생각한다.

안식일 음식은 가장 좋은 그릇과 식탁보와 냅킨으로 잔치 분위기를 돋우어야 한다. 여기서 잠깐만! 가만히 옛 기억을 더듬어 보면 내가 보낸 최고의 안식일은 성노예매매와 맞서 싸우던 아프리카인 사역자들의 집에서 보낸 안식일이었다. 그들은 대부분 가난하고 궁핍했다. 그들이 마련한 음식은 서양 잔칫상의 진수성찬에 미칠 수 없었지만 그 음식을 마련하기 위해 들인 정성과 희생은 내가 마시는 값비싼 포도주에 비할 바가 아니었다. 그러나 때로는 평소에 마시던 포도주가 아닌 비싼 포도주 한 병쯤 안식일을 위해 장만하는 것도 나쁜 일은 아니다.

내게 안식일의 풍요로움을 상징하는 물건 가운데 하나는 몽블랑 만년필이다. 나는 안식일에만 그 만년필을 사용한다. 안식일의 마지막 몇 시간은 내 책상 앞에 앉아서 아끼는 몽블랑 만년필을 꺼내 들고 가죽으로 묶은 공책에 글을 쓴다. 일기는 아니고 그 주간에 내가 고맙게 생각했던 일들을 주로 적는다. 일주일 동안 받았던 아름다운 은혜의 선물들을 기억하며 최대한 공을 들여 한 자 한 자 정성스럽게 써 내려간다.

풍요로움은 나무에 달린 농익은 과일처럼 사람들이 따라 오길 기다리고 있다. 우리가 해야 할 일은 그저 그 새콤달콤한 맛과 향기를 기쁨으로 즐기는 것이다. 안식일에는 풍요로움에 대한 미각을 발달시켜야 한다. 그렇지 않으면 장차 다가올 영광에 참여하기 힘들다.[6]

기쁨

기쁨의 상징들은 평화와 풍요로움과 깊은 연관이 있다. 풍요로움을 떠나서 평화를 상상할 수 없듯이 기쁨 역시 마찬가지다. 그러나 기쁨은 근본적으로 사람과 연관이 깊다. "내가 내 자녀들이 진리 안에서 행한다 함을 듣는 것보다 더 기쁜 일이 없도다"(요삼 1:4). 음악을 들으며 평화를 맛보고, 음식을 먹으며 풍요로움을 만끽하고, 성공을 통해 행복을 느끼지만, 기쁨의 중심에는 언제나 사람들과의 관계와 구원이 있다.

기쁨은 다른 사람들의 얼굴에 나타난 하나님의 모습을 알아본다. 영안(靈眼)이 밝은 사람은 낯선 이와 원수들에게서도 하나님의 얼굴을 발견하지만 대부분의 사람은 사랑하는 사람에게서조차 하나님의 얼굴을 발견하지 못한다. 밝은 영안을 갖기 위해서는 일과 걱정이 아

> 안식일 기쁨에는 상징과 의식이 필요하다. 그런 상징과 의식들이 우리에게 구원의 기쁨을 상기시켜 준다.

니라 감탄과 경배의 리듬에 조율되어 있어야 한다. 우리 교회의 폴 슐러 목사는 종종 이런 이야기를 한다. "저는 더 많이 경배하고 더 적게 걱정하고 싶습니다. 더 적게 일하고 더 많이 예배하고 싶습니다." 걱정하는 동안에는 진정으로 예배하기가 힘들다. 일만 하고 있어도 경배로부터 멀어진다. 고개를 숙이고 있으면 다른 사람의 얼굴에서 영광을 볼 수 없고, 일에만 초점을 맞추면 마음에 근심거리만 가득 차게 된다.

감탄의 눈은 다른 사람들과 함께 기쁨을 기대하게 만든다. 감탄은 불신을 멈추고 무대 위에서 정말로 어떤 연기가 펼쳐지고 있는지를 보게 해준다. 일만이 진리라고 보는 시각은 오직 무엇을 더 해야 하고 그것을 끝내기까지 얼마나 남았는지를 기반으로 현실을 바라본다. 우리는 자녀와 학생과 친구와 배우자를 일의 시각으로만 바라볼 때가 너무도 많다. 그래서 무대 한쪽에서 반짝거리는 영광의 빛을 보지 못한다.

기쁨을 느끼기 위해서는 일이 아니라 감탄을, 걱정이 아니라 경배를 선택해야 한다. 부정적인 것에서 실망하기보다 긍정적인 것의 아름다움을 보기 위해서다. 그렇기 때문에 안식일 기쁨에는 상징과 의식이 필요하다. 그런 상징과 의식들은 우리에게 구원의 기쁨을 상기시켜 준다. 우리 부부는 텔레비전에서 방영하는 '집 바꾸어 주기'(Extreme Home Makeover: 극빈자나 재난을 당한 가정의 집을 무료로 개조해 주는 미국의 리얼리티 TV 프로그램—역주)라는 프로그램의 열혈 팬이다. 우리의 안식일은 그 프로그램의 출연자들이 "버스를 치우세요!"라고 외치면서 끝나지만 안식일이 끝난다는 서글픔을 어느 정도 달래 줄 수 있는 끝맺음이기도 하다. 한 시간 동안 형편없던 집이 어떻게 개조되는지를 지켜보는 것은 나의 크나큰 즐거움이다.

그 외에도 우리 부부가 안식일에 즐겨 하는 의식 중에는 영화 감상이 있다. 우리는 한 달에 한 번 구원의 영광을 큰 소리로 들려주는 영화를 보러 간다. 감명 깊은 가족영화가 아니더라도 사랑이 죽음보다 강하다는 메시지를 전해 주는 영화면 족하다. 우리 가족이 다 함께 본 영화 중에 "주노"(Juno)라는 영화가 있는데 10대 소녀의 임신과 아이의 생명을 지키기 위한 몸부림이 상당히 인상적이었다.

우리는 그 영화를 보고 나서 만일 우리 자녀가 혼전임신을 했다면 어떻게 할 것인지 이야기했다. 물론 가정(假定)이기는 했지만 내가 고민하는 문제들 중에는 진정한 애정이라기보다 부모로서의 이기심이 엿보이는 것도 있어 심란하기도 했다. 어쨌든 그날 저녁은 지금까지 키워 온 서로의 사랑을 확인하고 우리의 부부 생활에 비난보다 기쁨이 더 많다는 사실에 큰 위안을 받은 시간이었다.

지금 보이는 게 전부가 아니고 더 큰 연극을 공연하고 있음을 인식하면서 자기 자신과 다른 사람의 인생 무대에 들어가게 만들어 주는 것이 곧 안식일의 의식과 상징이다. 안식일에는 일주일간의 불화나 결핍이나 절망보다 모든 인간 관계의 구원이 훨씬 더 실감나는 삶을 살아야 한다. 인위적으로 기쁨을 만들어 내거나 감탄하는 척할 수는 없겠지만 무대에 자리를 잡고 자신의 역할을 준비하다가 무대의 막이 올랐을 때 마술과 같은 공연이 시작될 것임을 우리는 얼마든지 기대할 수 있다.

10장
안식일의 침묵

침묵은 금이다. 그리고 침묵은 악몽이다. 한때 침묵을 미덕으로 여기던 시절이 있었지만 현대인들은 소음공해에 둘러싸여 살고 있다. 우리의 조용한 공간에는 텔레비전과 라디오와 CD 플레이어와 아이팟과 온갖 시끄러운 기계들이 자리를 차지하고 있다. 사람들은 조금이라도 조용해질 기미만 보이면 재빨리 분주함 속으로 도피해서 또다시 온갖 소음으로 자신의 맥박과 리듬과 의미를 유지한다.

우리는 결코 조용한 것을 좋아하지 않는다. 지쳐서 휴식이 필요할 때까지 불협화음을 양껏 포식하며 산다. 아내와 나는 일주일간 마닐라에 머문 적이 있는데 얼마나 시끄럽고 붐비든지 나중에는 정신이 없을 지경이었다. 시내 상가에서 볼일을 보는데 수많은 장사꾼이 우리를 붙들고 물건을 사라고, 그것도 우리에게만 특별히 깎아 줄 테니 사 달라고 간청을 했다. 처음에는 그 모습이 신기하기도 했지만 이내 머리가 빙빙 돌고 정신을 잃을 것 같아 서둘러 그곳을 빠져나와야만 했다. 우리 부부는 비교적 조용한 커피숍을 발견하고 한동안 그곳에서 머리를 식혔다.

어떻게 보면 번화한 도시의 한복판에서 고요한 침묵이야말로 가장 어울리지 않는 사치인지도 모른다. 침묵은 우리 삶의 드라마가 온전히 무대에서 펼쳐질 수 있도록 도와주는 요소다. 차를 운전할 때 반사적으로 라디오를 틀어 놓거나 퇴근해서 집에 오면 무작정 텔레비전을 켜지는 않는가? 어디를 가든 시도 때도 없이 들려오는 음악소리는 또 어떠한가? 엘리베이터 안에서, 식당에서, 길거리에서, 심지어 전화 통화 대기 중에도 음악이 흘러나온다. 혹시 우리가 소음을 거부하면 어떤 일이 일어날까? 안식일을 조용히 보내야 한다는 통념 때문이 아니라 그저 안식일 하루 전체를 완전한 침묵 가운데 보낸다면 어떨까?

> 안식일 역시 지키는 연습과 훈련을 거듭할수록 기쁨이 증가한다.

안식일 역시 지키는 연습과 훈련을 거듭할수록 기쁨이 증가한다. 어떤 사람들에게는 하루 종일은 고사하고 단 몇 시간이라도 침묵하는 것이 기쁘기는커녕 벌 서는 것처럼 느껴질 수도 있다. 그것은 침묵의 드라마가 아직 그들의 마음을 사로잡지 못했기 때문이다.

:: 작고 미세한 음성

하나님은 우리가 정신없이 분주할 때보다 침묵의 드라마를 공연할 때 더 자주 등장하신다. 물론 시끄러운 곳에는 하나님이 아예 오시지 않는다고 말하는 것은 아니다. 성삼위 하나님은 성부와 성자와 성령께서 원하실 때마다 언제든지 우리에게 나타나실 수 있다. 그렇지만 하나님의 음성을 들을 수 있는 더 좋은 장소를 꼽으라면 그것은 단연 조용한 곳이라는 이야기다.

그런가 하면 하나님은 아무리 조용한 무대를 마련해도 전혀 등장하지 않으실 수도 있다. 이유는 아주 간단하다. 하나님은 하나님이실 뿐이니까. 하나님은 우리가 그분을 위해 무대를 만들었다고 해서 오시는 게 아니라 그분이 원하실 때에만 오실 것이다. 내 생애에서도 마치 주술이나 운세 보는 것처럼 하나님이 내게 말씀하시기를 기다렸던 순간들이 많았다. 나는 하나님의 응답과 도움이 필요했고 내 방식대로 신비를 느끼고 싶어 했다. 하나님은 그분을 내 형상으로 만들려는 내 시도를 눈치채시고 우상숭배자처럼 그분을 조종하려 드는 데 응답하지 않으셨다. 그러나 하나님은 분명 말씀하시는 분이다. 주로 엄청난 소음 가운데서도 침묵에 들어가 내 마음을 잠잠케 할 때 하나님은 내게 말씀하셨다.

소음이 더 심각한 불협화음을 만들어 내는 것은 분명하지만 우리가 침묵하지 않는 한 그 사실을 깨닫기는 쉽지 않다. 문제는 우리가 듣고 싶지 않은 것을 막기 위해 내는 소리들보다 그 밑에 깔려 있는 소음이 더 크고 시끄럽다는 것이다. 그 소리에 귀를 기울이고 싶다면 심란해질 각오를 하지 않으면 안 된다. 그것은 감탄과 경배의 자유를 억박지르는 후회와 염려의 소리다. 그것들이 더 크게 목소리를 내도록, 더 극적으로 들리도록 허용하는 것은 우리의 직관에 어긋나는 일이다. 그것들은 어둡고 음산한 구석에서 우리를 만신창이로 만들 것이다. 결국 그것들의 간악한 음모는 어떻게든 자신들의 세력을 훔쳐가겠다는 것이다.

한발 더 나아가서 그 소리에 동반되는 얼굴들이 있다. 그들은 소리보다 더 큰 세력을 갖고 있다. 또한 당신이 속도를 늦추고 가식의 영역을 조금이라도 고민하려 할 때마다 성난 감시꾼처럼 당신에게 달려들 것이다. 그 성난 감시꾼들은 누구인가? 아버지나 코치나 멘토나 학대자인가? 결국 비난하는 소리 뒤에는 극악무도한 악의 세력이 포진해 있는 것이다.

지금까지 한 이야기는 안식일이 아닌 다른 날 동안 해야 할 노동에 해당한다. 그들의 어리석음을 폭로하기 위해 목소리를 높이는 노동을 하지 않는다면 자연히 우리는 안식일의 휴식에서 멀어질 수밖에 없다. 우리는 안식일이 오기 전에 침묵 가운데 들어가서 어리석고 이질적인 음성들을 반드시 잠재워야 한다. 일주일간의 불화와 결핍과 절망을 치워 버리는 것은 안식일을 맞기 위한 준비 과정이다. 하지만 그와 같은 침묵에 들어가려면 먼저 침묵을 두려워하지 않아야 한다. 안식일의 침묵으로 일주일 동안의 어두운 목소리가 더욱 강렬해진다 하더라도 침묵을 두려워해서는 안 된다.

일주일 동안 극성을 부리는 악의 세력이 안식일이라고 해서 잠잠하지는 않는다는 사실도 명심하라. 현존하는 하나님 나라와 앞으로 이루어질 온전한 하나님 나라를 맛보게 하는 안식일이야말로 그들이 무엇보다 훼방하고 싶은 표적이기 때문이다. 평강의 안식일에 원수의 공격을 망각하는 것은 어리석은 일이다.

> 우리는 안식일이 오기 전에 침묵 가운데 들어가서 어리석고 이질적인 음성들을 반드시 잠재워야 한다.

:: **악의 목소리**

지속적으로 우리 마음을 상하게 하는 사람들 배후에는 그들의 목소리를 빌려 교묘하게 이용하는 악의 세력이 있다는 사실을 독자들도 이미 알고 있을 것이다. "매트릭스"(The Matrix)라는 영화를 보면 매트릭스의 비밀을 지키기 위해 누군가의 몸속에 들어갔다가 그 사람이 죽으면 또 다른 사람의 몸속으로 들어가는 장면이 나온다. 악의 세력 또한 누구의 목소리를 빌려서든지 자신의 목적을 달성하려 든다. 악의 세력이 가장 애용하는 목소리는 바로 멸시와 상실감이다.

멸시

멸시는 인간을 시들게 한다. 멸시와 경멸을 당한 기억은 끊임없는 소외감을 불러일으킨다. "너는 우리 회사에 어울리지 않아." "너는 똑똑하지도 않고, 멋있지도 않고, 괜찮은 인간도 아니고, 유능하지도 않고, 남을 배려하는 마음도 없고, 진실하지도 않고, 사랑받을 자격도 없어." 멸시는 우리에게 있는, 그래서 다른 사람과 우리를 분리시키는 실제적인 결함이나 상상 속의 결함을 비웃는다. 그 결함은 뻔히 보이는 것일 수도 있지만 숨겨져 있거나 그저 짐작인 경우도 있다. 하지만 우리가 왜 외로운지를 설명하는 단서가 된다는 점에서 어떠한 종류의 결함이건 무시할 수는 없다.

다른 사람이 내뱉는 멸시의 말과 우리가 스스로에게 뱉는 멸시의 말이 동맹을 맺는 경우가 종종 있다. 우리는 원수들이 하는 것보다 더 심하게 자신을 비난한다. 불을 피우는 것은 원수들이지만 그 불에 땔감을 집어넣는 것은 우리 자신이다. 훨훨 타오르는 불길은 우리의 남은 자존심마저 태워 버리고 마침내 귀에서 쟁쟁거리는 비난 소리에 완전히 녹초가 되어 버린다. 그러면 우리는 또다시 분주함과 소음에 눈을 돌린다. 아이팟에 노래를 5천 곡이나 입력해서 비난의 목소리를 잠재우려는 사람도 있을 것이다.

　마스힐 신학대학원에서 가르치던 어느 날, 수업을 마치고 글을 쓰기 위해 연구실로 돌아왔지만 한 여학생의 얼굴이 머리에서 지워지지 않았다. 그 여학생은 수업 시간 내내 빈정거리는 태도로 내 강의를 듣고 있었다. 학생들이 일제히 웃음을 터뜨리면 그 여학생은 한심하다는 표정으로 친구들을 쳐다보다가 어깨를 으쓱거렸다. 연구실에서 글을 쓰면서 나는 그 여학생의 태도에 집착하고 있는 자신을 호되게 꾸짖었다. '30년을 대학 강단에서 가르친 내가 왜 한 학생의 무례한 언행에 그토록 신경을 쓰고 있단 말인가?'

　나의 비이성적인 모습은 여기에 묘사한 것보다 훨씬 더 가관이었다. 지금까지 살면서 그보다 더 심한 냉대와 모멸감도 맛보았건만 왜 그 여학생에게 유독 더 예민하게 반응했는지 이해가 되지 않는다. 하지만 한 가지는 분명했다. 악의 세력이 그 여학생의 경멸적인 태도를 이용해서 내가 했던, 그리고 지금 하고 있는 노력을 깎아내리려 하고 있다는 점이었다. 그 세력은 내게 더 이상 사람들과 어울리려고 애쓰지 말고 그냥 속 편하게 혼자 지내라고 속삭였다.

　멸시의 위력은 참으로 놀라웠다. 여학생 한 명이 보인 경멸적인 태도에 나는 은퇴까지 고려하고 있었다. 그토록 기분 나빠하는 것 자체가 나의 유약한 모습을 드러내기에, 나는 더 이상 학생들을 가르칠 자격이 없는 사람이었다. 또한 그깟 일로 학교를 그만둘 생각까지 하는 것은 내가 못난이라는 증거이고 그러니까 더욱더 그만두어야 한다고 생각했다. 비정상적인 논리와 부정적인 생각이 꼬리에 꼬리를 물고 이어졌다. 악의 세력이 맞장구를 치는 가운데 비정상적인 논리는 비약을 거듭하고 있었다. 친절이 사람의 영혼에 끼치는 유익보다 경멸이 끼치는 해악이 훨씬 더 크다는 사실을 부인할 수가 없었다.

침묵은 무대 위의 배우들을 볼 수 있게 만들어서 우리의 기쁨을 훔쳐 가려고 하는 악한이 누구인지를 발견하게 한다. 그리하여 그들이 하는 비난의 내용을 정확히 파악하고 경멸이 자초할 멸망의 길도 깨닫게 된다. 그럴 때에만 우리는 경멸의 소음을 잠재우고 미세하면서도 부드러운 하나님의 음성을 듣게 되는 것이다.

상실감

침묵과 함께 목소리를 높이는 두 번째 주인공은 상실감이다. 상실감은 결핍이 내는 목소리다. 그것은 슬픔이며 손님으로 초대하기에는 너무 곤궁하고 초라하게 느껴져서 아예 불청객으로 쫓아 버리려고 하는 슬픔이다. 멸시의 이면에 있는 소리를 들어야 하는 것처럼 우리는 상실감의 볼륨도 크게 높여서 그것이 우리를 기쁨에서 멀어지게 하는 만성 소음이 되지 못하게 해야 한다.

우리 부부가 6개월간 안식년을 떠나기 전, 나의 상관이었던 키스 앤더슨 총장이 나를 자신의 사무실에 불러서 안식년을 맞이할 준비가 다 되었느냐고 물었다. 나는 우리의 여행 계획을 말해 주고 독서를 많이 할 예정이라고 대답했다. 내 대답을 들은 앤더슨 총장은 재차 같은 질문을 던졌다. "마음의 준비는 단단히 한 건가요?" 나는 잠시 어리둥절하다가 용기를 내어 "그게 무슨 말씀이지요?"라고 되물었다. "사람들은 마침내 조용한 자기 시간을 갖게 되면 상실감과 슬픔이 밀려온다는 사실을 잘 모르고 있더군요." 맞는 말이었다. 나야말로 앤더슨 총장이 말한 슬픔이나 상실감에 아무런 대비가 없던 사람이었다.

그는 내가 이미 알고 있던 사실을 다시 상기시켜 주었다. 조직이나 단체는 설립 초기에 혼란이나 갑작스런 이직, 엄청난 비난, 결정적 실수, 과로와 번민, 상실감에 많이 시달린다고 한다. 그는 우리가 보낼 안식년이 마스힐 신학대학원을 설립하면서 생긴 상실감이나 아픔을 인식하는 시간이 되게 해 달라고 기도했다.

안식년 첫 3개월은 깊이 잠을 자다가도 울면서 깨어나는 날이 많았다. 슬픔의 그림자 외에는 내가 왜 우는지도 정확히 알 수 없었다. 슬픔은 구토와 비슷하다. 속이 울렁거리면서 메스껍지만 다 토해 낸 다음에는 속이 시원해진다. 슬픔은 우리를 비우고 약하게 해서 음식을 먹을 수 있는 상태로 만들어 준다. 언젠가 때가 되면 우리는 다시 강해지겠지만 그때까지는 무조건 쉬어야 한다.

울렁대는 속이 그래도 구토보다는 견딜 만하다고 여기는 사람들도 있을 것이다. 그런 사람들에게는 아주 천천히, 혹은 아예 감지하지도 못할 정도로 슬그머니 구토증이 찾아온다. 슬픔은 상실감의 독을 제거해 주고 심령의 아픔을 위로해 준다. "애통하는 자는 복이 있나니 그들이 위로를 받을 것임이요"(마 5:4). 그러나 애통과 함께 찾아오는 위로는 마음을 달래 주지 못한다. 마음속의 고통을 없애는 게 아니라 슬픔을 회피하지 않은 은혜를 베풀어 줄 뿐이다. 비록 상실감을 없애 주진 못하더라도 위로를 받는 순간 우리는 혼자가 아니라는 사실을 깨닫는다.

평일에는 슬픔이 우리 안에 드나들어도 되지만 안식일에는 안 된다. 어떤 슬픔이든지 안식일에는 잠시 미루어 두어야 한다. 슬픔을 부정하라는 이야기가 아니다. 안식일에도 비난과 상실감의 목소리가 들려오긴

하겠지만 우리는 경멸이 아니라 칭찬의 목소리를 선택하고 상실감이 아니라 위로의 목소리에 귀를 기울여야 한다.

:: 부드러운 음성

안식일 침묵은 묵상과 기도에 마음을 열게 한다. 활짝 열린 문으로 하나님의 음성을 듣는 거룩한 시간으로 들어가는 것이다.

안식일 묵상

묵상이란 생각 속에서 지속적으로 무언가를 되새김질하는 것이다. 그것이 완전히 녹아서 마음에서 맛있게 느껴질 때까지 계속 되새김질을 하는 것이다. 되새김질이라는 단어 자체는 소가 먹은 풀을 게워서 되씹는 것을 뜻한다. 소들은 위에서 풀을 소화해서 영양분을 흡수할 때까지 계속해서 풀을 게워 되씹는다고 한다.

어느 안식일에 우리 부부는 안식일 의식인 산책을 나가서 돌아가신 장인 장모님에 대해 이야기를 나누었다. 그분들은 살아생전 차갑고 정이 없는 분들이었는데 당신은 어떻게 그리 다정다감한 성격이 되었느냐고 내가 아내에게 물었다. 우리의 대화는 오랜 시간 이어졌고 나는 친절을 묵상하면서 그 내용을 잘근잘근 되새김질하기 시작했다.

처음 내 입에 느껴진 맛은 "하나님의 인자하심이 너를 인도하여 회개하게 하심을"(롬 2:4)이라는 말씀이었다. 이 구절은 언제 들어도 가슴이 뜨끔한 말씀이다. 나는 하나님의 인자하심에 감격하여 죄를 회개했던 순간들을 떠올려 보았다. 십여 가지 사건이 생각났는데 그중에서 한

가지 사건이 유독 기억에 생생했다. 왜 하필 그 일이 생각난 걸까? 그 이유는 몰랐지만 어쨌든 내게는 뜻깊은 시간이었다.

내 기억은 나와 가장 친했던 트렘퍼 롱맨(Tremper Longman)이라는 친구 집에 처음 놀러갔다가 트렘퍼의 어머니를 만났던 순간에 머물렀다. 당시에 트렘퍼 어머니는 냉장고 앞에 서 계셨는데 내게 손을 내밀어 반갑게 인사를 하셨다. 잠시 동안 이야기를 하고 나서 나는 트렘퍼 어머니를 껴안아 위로 번쩍 치켜들었다가 가스레인지 근처까지 가서 놓아 드렸다. 그런 다음에 나는 냉장고 문을 열고 먹고 싶은 것이 있는지 뒤지다가 햄 한 그릇을 꺼내 게 눈 감추듯 먹어 버렸다. 트렘퍼 어머니는 내게 빵으로 샌드위치를 만들어 줄까 물으셨다.

그분은 전혀 언짢은 기색 없이 농담을 섞어 가며 나를 반갑게 맞아 주셨다. 내 철부지 같은 행동도 아랑곳하지 않으시고 오히려 나와 즐겁게 놀아 주려 하셨다. 몇 번을 만나고 나니 트렘퍼 어머니야말로 소탈하면서도 경우 밝고 자애로운 분임을 알게 되었다. 나는 정말로 트렘퍼 어머니가 좋아졌다. 지금도 그분의 은덕을 입고 산다.

묵상은 일종의 회상이라고 할 수 있다. 해묵은 인생의 책장을 넘기다가 새로운 의미와 깨달음을 주는 대목을 발견하는 순간이기도 하다. 물론 흥미와 혼란이 교차하기도 한다. 트렘퍼 어머니는 왜 나의 철없는 행동을 묵인하셨을까? 왜 나는 그분을 처음 보는 순간부터 그토록 편하게 느꼈을까? 기억하고 묵상하기 위해서 우리는 하나님께 다음과 같은 기도를 드리고 마음을 활짝 열어야 한다. "하나님, 제가 무엇을 알고 듣기를 원하시고 당신으로부터 무엇을 받기 원하십니까?" 묵상은 곧 기도로 이어져야 한다.

안식일 기도

기도는 신비로움을 지닌 대화다. 나 역시 기도가 하나님과의 대화라는 데 아무 이의가 없지만 때로는 하나님이 우리 기도를 들으시고도 전혀 응답하시지 않는 것 같은, 심지어 듣지도 않으시는 듯한 느낌을 받는다. 기도는 마땅히 대화여야 하지만 가끔은 너무 일방적으로 흐르는 것 같아서 차라리 신비로움과의 대면이라고 불러야 옳을 듯하다. 내 귀에 들리는 것은 텅 빈 방 안의 잿빛 허공에 울려 퍼지는 내 목소리뿐이다. 물론 내 울부짖음이 하나님의 가슴을 울리고 그분의 강한 팔에 안겨 있는 듯한 느낌을 받을 때도 있다. 하나님은 변함이 없으신 분이라고 했는데 내게 성삼위 하나님은 늘 새롭게 느껴진다.

안식일은 영원으로 들어서는 문이다. 그렇기에 우리 기도는 평상시와 다른 음조를 띠어야 한다. 기도는 수많은 형태를 가진 다면체다. 심지어 주기도문도 기도를 '제대로' 드리는 하나의 본보기일 뿐이다. 주님은 우리에게 그날의 빵을 위해 기도하라고 하셨다. 그러나 하나님의 백성에게는

> 안식일에 드리는 기도는 기도라기보다 찬양과 감사라고 해야 더 어울릴 것이다.

안식일 전에 이틀분의 만나를 주셔서 안식일에는 음식을 얻기 위해 일을 하지 않아도 되었다(출 16:22-30).[1]

안식일에 간구 기도를 드리는 것이 잘못은 아니지만 받지 못한 것을 달라고 요구하기보다 이미 하나님이 주신 것에 감사하고 기뻐하는 것이 안식일의 핵심이라는 사실을 명심할 필요가 있다. 안식일에 드리는 기도는 기도라기보다 찬양과 감사라고 해야 더 어울릴 것이다.

안식일 찬양

찬양이란 "우리 앞에 펼쳐진 모든 좋은 것에 감탄하고 감사하라!"고 촉구하는 것이다. 찬양은 우리의 눈길을 사로잡아서 우리보다 훨씬 위대한 이 앞에 머리를 숙이게 만든다. 찬양은 칭송이 아니라 알현이다.[2]

우리는 칭찬을 받으면 으레 "고맙습니다"라고 인사한다. 칭찬은 선물이며 진심 어린 칭찬은 받을 때마다 기분이 좋아진다. 하지만 다소 과분하다 싶은 찬사는 선뜻 받아들이거나 오래 듣고 있기가 민망해진다. 너무 치켜세우면 누구나 몸 둘 바를 모르는 법이다. 급기야 손을 내저으며 "그런 말씀 마세요"라고 겸연쩍게 만류하지만 속으로는 "고맙습니다, 제가 그런 기쁨을 드렸다니 고마운 일이네요"라고 말하고 싶을 것이다. 하지만 그 말은 어쩐지 경우에 맞지 않는다는 느낌을 지울 수가 없다. 사실은 이렇게 말해야 더 적절할 것이다. "고맙습니다, 하나님. 당신의 영광에 조금이라도 참여할 수 있는 영광을 주셔서 고맙습니다." 그래서 찬양은 궁극적으로 하나님께 영광을 돌리는 일이다.

하나님을 찬양하는 데에만 그칠 것이 아니라, 하나님 앞에서 서로 칭찬하는 일에도 인색하지 말아야 한다. 이 세상 모든 얼굴은 하나님 마음의 신비를 엿볼 수 있는 창문이다. 그렇기에 모든 얼굴은 찬사를 받아 마땅하다. 심지어 원수지간인 사람에게도 찬사를 보내야 한다. 안식일은 친구로서 혹은 원수로서 우리를 주님의 십자가 앞으로 인도해 준 모든 사람을 축복하는 특별한 날이다. 그래서 다른 사람의 얼굴을 바라보며 우리 눈에 보이는 영광을 이야기해 주는 날이 되어야 한다.

> 안식일은 친구로서 혹은 원수로서 우리를 주님의 십자가 앞으로 인도해 준 모든 사람을 축복하는 특별한 날이다.

데이비드 쉬나흐(David Schnarch)는 「열정적인 결혼생활」(Passionate Marriage)이라는 책에서 쾌락을 나누는 가운데 사랑하는 사람의 눈을 응시하는 것이 섹스의 기쁨 중 하나라고 말했다.³⁾ 하지만 그런 것을 생각만 해도 끔찍하고 역겨워지는 부부들이 많이 있을 것이다. 사실상 그것은 극도의 친밀감 없이는 불가능한 일이다. 몸을 애무하고 정사는 나눌지언정 상대의 눈을 그윽하게 바라보는 일은 쉽지 않다. 그 이유는 수치심 때문이다. 수치심은 서로 바라보고 감탄하며 감사할 수 있는 능력을 앗아가 버린다. 찬사를 주고받을 때에는 조금 어색하더라도 상대방의 눈을 바라보아야 한다.

하나님이나 사람들과 주고받은 칭찬은 경멸의 힘을 끊어 버린다는 사실을 명심해야 한다. 경멸, 불신, 어색함이라는 악한과 정면 대결을 펼치지 않고서는 남의 칭찬을 곧이곧대로 받아들이기가 힘들다. '그 말이 정말일까? 정말로 아내가 나를 좋은 남편이라고 믿고 있을까? 정말로 아내가 나를 존경한단 말인가? 그게 사실이라면, 그리고 나 역시 아내를 존경하려고 최대한 노력한다면 왜 내가 아내의 말이 아니라 남이 하는 비난에 더 신경을 쓴단 말인가? 내가 아내의 말을 신뢰한다면 하나님의 말씀은 더 깊이 신뢰해야 마땅하지 않겠는가?' 찬사는 우리를 또 다른 형태의 기도로 이끌어 준다. 그것은 초대라는 기도다.

안식일 초대

우리가 하나님께 할 수 있는 가장 간단한 형태의 초대는 "하나님, 제게 무슨 말씀을 하고 싶으신가요?"라는 물음이다. 하나님이 자신에게 말씀하실 거라고 믿는 그리스도인들이 의외로 많지 않다. 하지만 하나님은 분명 우리 각자에게 말씀하신다. 창피한 이야기지만 나는 지극히 단순한, 어린애들도 알 만한 그 사실 하나를 믿는 데 내 신앙 여정의 대부분을 소비했다. 성경이 아닌 다른 통로로 하나님이 말씀하신다는 것을 내 신학은 용납하지 않았다. 그래서 나는 수십 년간 하나님의 음성 듣기를 거부했다. 하나님은 오직 성령에 의해 쓰인 성경 말씀을 통해서만 말씀하신다고 믿었다.

그러다 어느 순간, 하나님이 다른 매개체, 이를테면 영화나 책이나 예술품이나 일출을 통해서도 말씀하실 수 있겠다는 생각이 들었다. 그래도 하나님이 내게 직접 말씀하시리라는 희망은 끝끝내 거부했다. 하나님은 이미 오래 전에 내게 직접 말씀하신 적이 있었건만 그 사실을 인정하기는커녕 신성모독죄라도 되는 듯 생각조차 하지 않으려 했다.

하나님의 음성을 들었다고 말하는 믿음의 용사들이 내게는 해괴하고 불손한 인간들처럼 보였다. 하나님이 말씀하신다. 물론 말씀하신다. 하지만 내가 원할 때가 아니라 내가 듣고 싶은 게 무엇이냐가 더 중요하다. 어느 안식일에 나는 하나님께 왜 침묵하시냐고, 왜 내가 듣고 싶어 하는 말씀을 해주시지 않느냐고 소리를 지르며 따진 적이 있었다. 그러자 하나님이 내게 물으셨다. "오, 그래? 그럼 나한테 말해 달라고 요구하고 내가 어떻게 나오는지 보는 게 어떠냐?" 그분의 음성이 어찌나 크던지 온 우주가 동작을 멈추고 하나님이 대체 누구에게 말씀하시는지 지켜보는 것만 같았다. 사실 그날은 내게 결코 기쁜 안식일이 아니었다. 나는 하나님으로부터 돌아서서 그분의 초대를 외면하고 도망쳤다. 솔직히 말하면 우리 스스로 하나님이 말씀하시길 원하지 않는 때도 많다.

안식일 기도는 하나님의 사랑을 멋지게 기발하게 뜨겁게 우리에게 이야기해 달라고 초대하는 것이다. 우리 체면을 세워 달라거나 공허감을 메워서 절망을 없애 달라고 간구하는 것이 아니다. 기도는 하나님이 우리를 얼마나 기뻐하시는지 여쭈어 보는 것이다. 당신은 하나님이 우리와 함께 안식일 잔칫상에 앉아 즐거워하시도록 초대하겠는가?

처음에는 하나님이 당신을 기뻐하신다는 사실, 그리고 당신이 귀를 기울일 때 당신의 속사람에게 말씀하신다는 사실이 무척이나 생소하게 느껴질 것이다. 당신이 들을 수 있는 것은 그저 몇 마디에 불과하겠지만 안식일은 일주일마다 한 번씩 돌아온다. 시간이 지날수록 그분의 고마워하는 마음과 당신과 함께 있고 싶어 하는 심정을 더욱더 깊이 깨닫게 될 것이다. 하나님은 열성석으로 온 힘을 다해 당신을 사랑하시기 때문이다.

> 당신은 하나님이 우리와 함께 안식일 잔칫상에 앉아 즐거워하시도록 초대하겠는가?

10장 안식일의 침묵

11장
안식일의 정의 구현

안식일과 희년 제도는 성경에 등장하는 혁신적 사건 중의 하나라고 할 수 있다. 저주의 짐을 지고 불공평이 만연한 세상에서 안식일과 희년은 인간에게 균형과 공평을 되찾게 해주는 시간이다. 희년은 거룩한 해이며 자유를 신포하는 해다.

너는 일곱 안식년을 계수할지니 이는 칠 년이 일곱 번인즉 안식년 일곱 번 동안 곧 사십구 년이라. 일곱째 달 열흘날은 속죄일이니 너는 뿔나팔 소리를 내되 전국에서 뿔나팔을 크게 불지며 너희는 오십 년째 해를 거룩하게 하여 그 땅에 있는 모든 주민을 위하여 자유를 공포하라. 이 해는 너희에게 희년이니 너희는 각각 자기의 소유지로 돌아가며 각각 자기의 가족에게로 돌아갈지며(레 25:8-10).

사람들은 희년 제도를 산상수훈만큼이나 비현실적인 이야기라고 생각한다. 우리가 인생을 어떻게 살아야 하는지에 대한 감상적 이상향을 보여 주기는 하지만 현실과는 너무도 괴리되어 있어 오히려 어리석어 보인다는 것이다.

삶이란 어쩔 수 없이 불공평한 것이다. 부유한 사람도 가난한 사람도 불공평한 삶의 불의와 불변성을 받아들일 수밖에 없다. 계층 간 구별을 비롯해서 모든 사회 체계는 대격변이나 혁명이 일어나지 않는 한 쉽게 변하지 않는다. 설령 폭동을 동반한 혁명이 일어난다고 해도 형식적인 변화에 그칠 때가 많다. 압제자는 새로운 권력을 획득해서 단체 응징에 합당한 자들을 희생양으로 삼는다.

전도서를 기록한 현자는 이런 말을 남겼다. "내가 다시 해 아래에서 행하는 모든 학대를 살펴보았도다. 보라, 학대받는 자들의 눈물이로다. 그들에게 위로자가 없도다. 그들을 학대하는 자들의 손에는 권세가 있으나 그들에게는 위로자가 없도다. 그러므로 나는 아직 살아 있는 산 자들보다 죽은 지 오랜 죽은 자들을 더 복되다 하였으며"(전 4:1-2). 전도서 말씀에서는 소망의 빛을 찾아보기가 힘들다. 그러나 또 하나의 진리가 있으니 그것은 안식일의 진리다. 안식일은 불의의 독재를 종식시키고 만성적인 무력감에 뒤처지는 자가 없어야 한다고 선포한다.

짐승과 미물을 포함해 힘센 자에게 눌렸던 모든 존재가 안식일에는 해방을 맞이한다. 안식일은 일주일 동안 무거운 멍에를 질 힘을 기르기 위해서 한시름 돌리고 휴식을 취하는 날이 아니다. 기쁨으로 불의와 불평등의 아성을 무너뜨려야 한다는 사실을 모든 사람에게 각인시켜 주는 날이다.

> 안식일은 회개하는 날이고 그 회개로 인해 맺힌 자유의 열매를 만끽하는 날이다.

만일 부유한 자와 가난한 자, 힘센 자와 힘없는 자들이 함께 먹고 마시며 안식일을 즐길 수만 있다면 그 뒤 엿새 동안 불의가 판치는 일은 사라질 것이다.

안식일은 회개하는 날이고 그 회개로 인해 맺힌 자유의 열매를 만끽하는 날이다. 안식일에는 노예도 외국인도 이방인도 모든 착취에서 풀려난다. 뿐만 아니라 그들을 부리는 사람들도 절대 권력의 폐해에서 벗어난다. 그러기에 안식일은 평등의 선물이며 타락의 패망인 것이다.

네 하나님 여호와가 네게 명령한 대로 안식일을 지켜 거룩하게 하라. 엿새 동안은 힘써 네 모든 일을 행할 것이나 일곱째 날은 네 하나님 여호와의 안식일인즉 너나 네 아들이나 네 딸이나 네 남종이나 네 여종이나 네 소나 네 나귀나 네 모든 가축이나 네 문 안에 유하는 객이라도 아무 일도 하지 못하게 하고 네 남종이나 네 여종에게 너같이 안식하게 할지니라. 너는 기억하라. 네가 애굽 땅에서 종이 되었더니 네 하나님 여호와가 강한 손과 편 팔로 거기서 너를 인도하여 내었나니 그러므로 네 하나님 여호와가 네게 명령하여 안식일을 지키라 하느니라(신 5:12-15).

인간이 사는 사회에는 어쩔 수 없이 신분과 권력과 특권에 의한 계층이 생겨난다. 사람들은 더 많은 공간을 차지하기 위해 다투고 훔치고 협상하고 위협하고 전쟁을 일으킨다. 심지어 돈을 주고 공간을 사기도 한다. 하지만 시간은 그렇게 할 수 없다. 시간에 대한 개념이야 조종이 가능할지 몰라도 공간을 지배하듯이 누군가의 시간을 지배할 수는 없다. 우리는 더 많은 공간을 획득할 수는 있지만 더 많은 시간을 만들어 낼 수는 없다. 심지어 남의 생명을 취할 수는 있어도 그들의 남은 생명을 담보로 내 생명을 연장시킬 수는 없다. 시간은 인간의 지배를 받지 않는다.

시간 앞에서 모든 인간은 평등하다. 어느 누구도 자신의 권력과 지위로 더 많은 시간을 얻거나 소유할 수 없다. 시간의 백정인 죽음 또한 어느 누구도 피해 갈 수 없는 궁극적인 생명의 처형식 앞에서 모두를 평등하게 만든다. 우리는 자신의 삶을 안식일에 바쳐야 한다. 즉 한때는 유한한 시간 속으로 들어오셨지만 지금은 시간을 지배하고 계신 주님 앞에 무릎을 꿇으라는 것이다.

안식일은 노예와 가축과 땅을 자유롭게 한다. 더욱 놀라운 사실은 자신이 노예와 가축과 땅을 소유한다고 믿었던 사람들에게마저 안식일이 자유를 준다는 점이다. 회개의 유희적 자유는 모든 사람을 먹고 마시고 노래하고 춤추고 즐거워하는 자리로 인도한다.

:: 노예 시절을 기억하라

성경 말씀에서 보듯이 안식일에 대한 계명은 지극히 단순하다. 아들이나 딸이나, 남종이나 여종이나, 가축이나, 집 안에 거하는 외국인이나, 누구든지 일하지 말라는 것이다. 거기에 한발 더 나아가서 그들을 "너같이" 안식하게 해야 한다고 말씀하신다(신 5:14).

"너같이"라는 말은 공평과 평등을 의미한다. "너는 안식일에 여종에게 불을 피우라고 요구하면 안 된다. 종들에게 네 식사 준비를 시키거나 군불을 때라고 하면 안 된다. 그들도 너같이 안식일에 즐거워하고 기뻐해야 한다. 만일 살찐 송아지 요리로 안식일을 즐기고 싶다면 네 집에 거하는 모든 종과 이방인과 외국인들도 너와 함께 먹고 즐겨야 한다. 네가 안식일을 지키듯 다른 모든 사람도 안식일을 지켜야 한다. 이스라엘

이 과거 노예 생활에서 해방되었던 공통의 역사를 기억하면서 안식일을 지켜야 한다."

현대인들은 종살이를 한다든지, 다른 가족이나 외국인이나 이방인을 자기 집에 살게 하면서 도와주는 경우가 흔하지 않다. 그렇다면 안식일 계명을 현대의 중산층은 어떻게 적용해야 할까? 안식일은 과거를 잊지 않는 동시에 미래를 소홀히 하지 않기 위해서 고안된 것이다. 과거란 우리가 애굽에서 탈출했던 것을 의미하며, 미래란 예수 그리스도 안에서 이루어질 하나님 나라의 도래를 말한다.

애굽에서의 과거를 잊어버리는 것은 우리가 한때 불의의 노예였다는 사실을 부인하는 것이나 마찬가지다. 그것은 단지 개인적인 죄만이 아니라 불가피하고 불변해 보이는 사회 체계에 지속적인 충성을 맹세하는 짓이기도 하나. 논문이나 책에서 수없이 언급하고 있지만 여전히 우리가 간과하는 사실이 있다. 성경에서 예수님은 가난한 사람들의 인권과 빈곤 문제를 성적인 죄보다 더 많이 지적하셨다는 점이다.

우리는 자신이 갖고 있는 통상적인 경제 개념—자녀를 대학에 보내야 한다든가 은퇴 권리를 행사해야 한다는 등의 통념—이 하나님 나라와는 무관한 이 세상의 방식이고 우리가 그 방식에 노예가 되어 있다는 증거임을 깨닫지 못한다. 우리는 개인의 죄를 용서받고서도 여전히 세상 체계의 노예로 살아간다. 안식일은 애굽에서 행했던 우상숭배의 잔재를 말끔히 벗어나는 날이다.

> 아울러 안식일은 새 하늘과 새 땅에서 우리가 받을 영광에 대한 약속이기도 하다. 정의롭고 자비가 넘치는 새로운 세상에서 우리는 영화롭게 될 것이다.

아울러 안식일은 새 하늘과 새 땅에서 우리가 받을 영광에 대한 약속이기도 하다. 정의롭고 자비가 넘치는 새로운 세상에서 우리는 영화롭게 될 것이다. 안식일을 하루의 휴식 정도로만 생각한다면 우리의 미래도 별 볼 일 없는 것으로 전락하고 만다. 안식일은 정의가 구현되는 신세계를 미리 맛보는 날임을 잊지 말아야 한다.

중산층에 속한 사람들은 빈곤층의 어려움을 보면서 "안타깝기는 하지만 어떻게 해야 할지 모르겠네요"라는 말을 자주 한다. 고통과 불의의 문제는 간단히 해결할 수 없는 매우 복잡한 문제다. 그래서 우리는 그 문제를 전문가와 정부에 일임해 버린다. 전문가들은 온갖 군소리를 늘어놓고 정부는 재정을 잔뜩 소비하지만 결과는 미미할 뿐이다.

사람들은 이렇게 말한다. "나 한 사람 나선다고 해서 카렌 족에 대한 탄압이나 성노예매매나 에이즈 문제나 빈곤 문제나 남아공의 마약 문제나 지구온난화 같은 문제에 무슨 도움이 되겠습니까?" 각각의 문제가 얼마나 막대하고 심각한지를 감안한다면 "나도 마음은 아프지만 어쩌겠어요?"라고 한숨을 쉬는 것 외에 사실상 아무런 대안도 없는 것처럼 보인다. 그러나 안식일은 우리를 죄책감과 무감각에서 벗어나게 한다.

신명기에 나오는 안식일 계명을 출애굽기에 나오는 계명과 비교할 때 몇 가지 다른 점을 발견할 수 있다. 신명기는 노예를 쉬게 해주는 이유가 우리도 한때 노예였기 때문이라고 말한다. 안식일은 애굽에서의 고단했던 종살이를 기억하는 동시에 우리가 하나님께 잘해서가 아니라 하나님의 신실한 언약과 사랑으로 새로운 땅에서 숨 쉬게 되었다는 사실을 인식하는 날이다. 그래도 어쨌든 하나님은 우리와 함께 행복해하신다. 우리를 끔찍이 아끼시며 자유와 기쁨을 한없이 쏟아부어 주신다.

종살이를 기억하는 사람은 자연히 더 깊이 감사할 수밖에 없다. 다만 그런 감사의 허점이 있다면 더 큰 불만을 불러일으킬 소지가 있다는 것이다. 건강에 안 좋은 음식을 멀리하다 보면 어느새 몸이 그런 음식을 더 받아들이지 않으려고 한다. 실망으로 인해 불만이 생기면 대개는 집요하게 자신의 요구를 관철시키고자 애쓴다. 남을 더 기쁘게 하고 싶은 욕구에서 생겨난 불만은 창의적이고 열성적이다. 다른 사람과 함께 기쁨의 영광을 나누는 사람일수록 자신이 축적했거나 남에게서 빼앗은 권리와 힘, 그리고 그로 인해 파생한 불평등을 참을 수 없게 된다.

우리의 종살이를 기억한다는 것은 우리가 장기전을 벌이고 있는 중독, 우상숭배, 자기집착과의 싸움을 의식한다는 것이다. 결국 내가 어느 정도로 심각한지를 직면하고 앞으로 갈 길이 얼마나 먼지를 깨닫는 것이다. 그러나 안식일은 해야 할 일이 아니라 이미 한 일을 생각하는 날이다. 과거의 종살이를 기억하면서 구원의 순간과 아울러 지금 누리는 자유를 만끽해야 한다.

:: **기쁨의 회개**

안식일에는 회개로 인해 우리가 변화된 사실을 인정하면서 기뻐해야 한다. 한발 더 나아가 하나님이 우리 마음을 속박에서 해방시켜 주신 사실을 기뻐해야 한다. 하나님은 우리를 애굽에서 구원해 주셨을 뿐 아니라 우리 마음을 영원으로 향하게 해주셨다. 과거의 속박에서 미래의 희망으로 전환했기에 우리가 지금 새로운 현재를 누리고 있는 것이다. 우리는

> 하나님은 우리를 애굽에서 구원해 주셨을 뿐 아니라 우리 마음을 영원으로 향하게 해주셨다.

11장 안식일의 정의 구현

그 전환을 **회개**라고 부른다. 회개는 단순히 "제가 잘못했습니다. 용서해 주십시오"라고 용서를 비는 것에 그치지 않는다. 그 이상을 의미한다. 즉 회개는 우리가 살았던 곳(애굽)에서 나와 약속의 땅으로 향하는 획기적인 사건이며 그로 인해 우리가 그 땅에 들어갈 때까지 이방인과 외국인으로서 광야 같은 이 세상을 살아가는 특권을 부여받았음을 의미한다.

회개의 진정한 열매는 언제나 소망을 심어 준다. 아무리 어둡고 막막한 상황이라 할지라도 회개에는 소망의 열매가 맺힌다. 소망은 그저 낙관적으로 생각하는 것이 아니다. 구원의 가능성이 희박한 상황에서도 과감하게 구원을 기대하는 태도를 뜻한다.

"영광의 깃발"(Glory)이라는 영화를 보면 노예 출신 흑인들로 구성된 부대가 난공불락의 요새로 진격하기 전날 밤, 소망의 찬송을 함께 부르는 장면이 나온다. 그때 그들은 전투에서 이기거나 살아남을 가망이 거의 없었다. 그들이 영광의 노래를 불렀던 이유는 그들이 자유인이거나 전쟁에 자원하여 싸울 수 있다는 사실에 감격해서가 아니었다. 그들은 살든지 죽든지 언제나 자유인이었다.

신학자 위르겐 몰트만은 이런 말을 했다. "인간은 새로워지고 변화되어야 한다는 당위성에 의해 옛사람에서 해방되는 게 아니라 자신을 해방하고 더 높은 차원으로 이끌어 준 새사람 안에서 기뻐할 때 옛사람에서 해방될 수 있다."[1] 안식일은 우리를 하나님께로 향하게 해준다. 하나님께로 돌아오게 하는 날이다. 그것이 또한 회개의 핵심이다. 더 나아가 안식일은 우리 자신의 자유를 만끽하는 날이다. 우리 자신만이 아니라 우리 집 지붕 밑에 거하는 모든 사람이 자유를 만끽하는 날이다.

그러므로 안식일은 단순히 일을 안 하고 쉬는 날이 아니다. 다른 사람을 곤궁하게 만들고, 노예로 삼고, 품위를 손상시키는 모든 활동을 중지하는 날이다.

안식일은 갖고 획득하는 일을 그치고 주고 베풀며 나누는 날이다. 꿈을 꾸면서 소망을 품는 날이다. 만일 온 세상이 지구의 아름다움과 혜택을 즐거워한다면, 우리를 창조한 창조주 하나님께 감사한다면, 과연 이 세상에는 어떤 일이 일어날까? 모든 사람이 안식일을 선행하는 날로 정한다면 어떤 일이 일어날까?

내 안의 냉소주의자는 코웃음을 치고 있다. 소위 '물병자리 시대'(Age of Aquarius: 뉴에이지에 속한 점성술사들이 주장하는 평화의 시대를 말한다—역주)라는 어이없는 이야기를 들으면서 나는 그러한 생각들을 지워 버리고 말았다. 이 세상에 생겨났던 모든 유토피아 사상은 어떤 형태로든 결국 탐욕과 사이비 종교로 흐르고 말았다. 이상주의는 내가 겪었던 모든 문제들 속에서 나를 잠식했을 뿐만 아니라 나와 다른 사람에게 해가 되었던 구조와 조직을 만들어내는 데 일조하도록 만들었다.

그럼에도 불구하고 기쁨의 안식일은 관능적이면서도 품위 있는 목소리로 우리에게 이렇게 호소한다. "나를 훼손하지 말고 거룩하게 해주실래요? 진부하고 평범한 날처럼 허비하지 말고 나를 아름답고 성스러운 날로 만들어 주실래요?" 회개는 안식일의 여왕을 맞이하여 그녀의 음악을 감상하는 것이다.

:: 노래하는 자유

안식일의 회개는 우리를 노래하게 만든다. 노래가 빠진 잔치나 향연은 생각할 수가 없다. 음악은 타악기의 마찰이나 줄과 쇠의 움직임으로 만들어지는 아름다운 진동이다. 소리와 침묵과 반복 가운데 울려 퍼지는 숨결이기도 하다. 무엇보다 가장 아름다운 악기는 사람의 음성이다. 사람들 간의 단순한 대화도 성대와 호흡을 조절해야 이루어진다. 거기에 높이와 속도까지 변화를 주면 소위 말하는 노래가 된다. 모든 음악은 기본적으로 말의 한 형태라고 할 수 있으며 말로만 전달하기 부족한 부분을 음악이 메워 준다고 할 수 있다.

어느 나라 누구를 불문하고 모든 사람은 음악을 할 줄 안다. 아이팟만 켜고 들어도 좌우간 음악은 음악이다. 노래는 사람들의 마음을 하나로 묶어 준다. 모르는 사람, 심지어 다른 나라 사람이라도 마찬가지다. 안식일은 그 자체로 노래일 뿐 아니라 우리에게 노래를 부르라고 초대하는 날이다.

안식일은 고통의 신음을 달래 주던 음악이자 소망의 언어요, 노래를 만들어 낸 날이었다. 안식일 노래는 화합의 노래이며 누구나 하나님의 가족에 들어올 수 있음을 확언하는 노래다. 거류 외국인도, 이민 온 주부도, 옆집에 사는 한국인 가정도, 라틴계 십대 소녀도, 에이즈로 죽어가는 사람도, 가정 폭력에 희생당하는 여성들도, 모든 사회의 소외 계층도 하나님의 가족에서는 제외되지 않는다. 안식일은 이방인을 위한 성전이다. 언제든 누구를 위해서든 자리가 예비되어 있는 성전이다. 왜냐하면 안식일은 공간의 장소가 아니라 시간의 장소이기 때문이다.[2]

안식일을 지키는 것은 유대인이 되거나 그리스도인이 되거나 바알

추종자가 되거나 불교 신자가 되는 것과는 무관한 이야기다. 처음부터 안식일은 존재의 일환으로 창조에 엮이어 있었다. 그래서 무엇을 믿든 상관없이 안식일은 모든 사람을 위한 것이다. 다시 말해서 모든 인간은 안식일의 자유를 누리기 위해 창조되었다는 말이다.

안식일을 준수하자는 말은 개종자의 청교도식 생활을 정당화하기 위한 방편도 아니고 문명화된 사회에서 안식일을 어긴 사람에게 법적 제재를 가하자는 주장도 아니다. 그런 주장과 견해들은 안식일을 주신 분과 아울러 안식일 자체의 가치를 떨어뜨리는 시대착오적 정교일치 이념에서 비롯된 것이다. 순종을 강요해서는 안 된다. 그보다는 안식일의 선물을 마음껏 누려서 안식일을 지키지 않는 사람이 바보처럼 보이게 만들어야 한다.

그렇다면 안식일만을 위한 화합의 노래, 정의와 자유를 위한 노래에 걸맞은 삶이란 어떤 것일까?

:: **잔치로의 집요한 초대**

정의란 보통 법의 공평한 적용을 뜻한다. 권력을 남용하거나 불법을 행하거나 남에게 해를 끼친 사람들에 대한 정당한 응징이 이루어졌을 때에도 정의 구현이라는 말을 사용한다. 정의는 범죄자를 처벌하고 악을 바로잡으며 똑같이 악의 길로 들어서려는 자들에게 경고를 한다. 그러나 정의를 그런 식으로만 생각한다면 희생자를 고려하지 않고 은혜가 정의의 열매라는 사실을 간과할 우려가 있다. 은혜는 결코 정의와 상반되는 개념이 아니다.

은혜는 정의 구현의 극치라고 할 수 있다. 정의는 사람들이 하나님의 낯을 피해서 불의한 권세를 사용하지 않도록 모든 사람을 같은 차원에서 다룰 뿐이다. 그런 면에서 정의는 하나님의 충만한 영광과 의로운 능력으로부터 실현된다고 할 수 있다. 전지전능한 하나님이 자신의 의를 과시하는 다른 모든 권세를 휘어잡으면서 정의는 실현되는 것이다.

언젠가는 다른 사람을 심판했던 재판관들도 의로우신 하나님 앞에 서서 자신의 불의를 심판받는 날이 올 것이다. 아니, 권력을 행사했던 모든 사람이 하나님 앞에 서서 심판을 받게 될 것이다. 모든 인간, 모든 조직, 간악무도해 보이는 자에서부터 가장 의롭고 신앙이 깊어 보이는 자에 이르기까지 모두가 하나님의 자비를 간절히 갈구하게 될 것이다. 하나님의 의로우심에 비추어 우리에게 얼마나 큰 은혜가 필요한지를 깨달을 때 비로소 은혜는 그 진가를 발휘하게 된다.

은혜란 곧 하나님 아들의 의로운 순종에 기반을 둔 새로운 영광의 동산으로 하나님이 우리를 초대하시는 것이다. 예수님이 겸허하면서도 용감하게 겟세마네 동산으로 들어가셨기 때문에 우리는 안식일에 그 영광의 동산에서 어린아이같이 뛰어놀 수 있게 되었다. 새 동산에서의 잔치는 안식일에 시작되었고 그날에 놀지 않고 기뻐하지 않는 것은 예수님의 성육신과 십자가 죽음과 부활과 승천에 대한 모독인 것이다.

그렇다면 정의로움 안에서 논다는 것, 그리고 다른 사람들에게 자유를 준다는 것은 무엇을 의미하는가? 몰트만은 안식일의 놀이를 다음과 같이 정의했다. "**인생**이란 자유 안에서 누리는 **즐거움**이며, 속박 가운데 있는 자들과의 **하나됨**이며, 구속받은 영혼으로서 **놀이**하는 것이며, 구속받지 못한 존재들이 이 세상의 부활절 사건을 재확인시켜 주는 것에 대한 **고통**이다."[3]

:: 안식일 꿈

우리는 현재의 영역을 넘어 새로운 동산에서 벌어질 향연을 꿈꾸어야 한다. 하나님께 부탁하여 잔치를 더 크게 벌여 달라고 요청하자. 우리가 해야 할 일은 그저 마음의 지시를 그대로 따르는 일이다. 당신은 사람들과의 관계가 껄끄러운가? 뉴스를 접할 때마다 어떤 사건이 당신에게 눈물을 흘리게 하고 혹은 분노를 일으키는가? 당신의 재능과 은사와 기술은 생계를 꾸려 가는 그 이상의 무언가를 위해 사용되고 있는가? 감사의 위험성(?)은 감사로 인해 관심이 생겨난다는 점이다. 그리고 관심의 위험성은 꿈을 꾸게 만든다는 것이다. 안식일은 바로 그런 꿈에 도취되는 날이다.

우리 부부는 태국에 갔다가 카렌 족의 참상을 목격했다. 에티오피아에서는 하루에 수천 명의 여자들이 성노예로 팔려가는 모습을 보았다. 안식일에 어떤 꿈을 꾸느냐에 따라 이 세상은 달라진다.

"내가 무엇을 할 수 있겠어요?"라고 묻지 말라. 그런 질문은 보통 새로운 동산에서의 놀이를 피하려는 우문(愚問)이다. 구속의 드라마 속으로 들어가서 무엇이 당신 마음을 움직이는지 살펴보라.

아내는 생일 선물로 오드니 구머(Oddny Gumaer)의 「뒤바뀐 회상」

(*Displaced Reflections*)이라는 책을 받았는데 그 책은 미얀마 난민촌의 삶을 그리고 있었다.⁴⁾ 우리 부부는 그 책을 읽고 울다가 꿈을 꾸기 시작했다. 과연 그 꿈은 우리를 어디로 데리고 갈 것인가? 아직은 모르지만 한 가지 분명한 것은 그곳이 자유의 영역일 것이라는 사실이다. 잔치에 들어가기 위해 찾고 구하고 두드리기로 마음먹지 않는 한 남을 위해서도 자신을 위해서도 우리는 그곳으로 들어갈 수 없다.

:: 안식일 행동 돌입

행동으로 옮기지 않고 생각으로만 꾸는 꿈은 환상이다. 「뒤바뀐 회상」을 읽고 나서 우리 부부는 파트너스 월드(Partners World)라는 웹사이트 (www.partnersworld.org)를 찾아 '파이브 얼라이브'(5 Alive) 운동에 기부하기 시작했다. 파이브 얼라이브 운동이란 한 달에 50달러를 기부해서 미얀마인 다섯 명의 생계를 도와주는 자선 모금 활동이다. 결코 목돈이 들어가는 자선 활동이 아니다. 또한 이 웹사이트에서는 카렌 족이 만든 아름다운 수공예품과 선물용 장식품들도 판매하고 있다. 정의나 자비와는 아무런 상관도 없는 지역 상점에서 굳이 선물을 살 필요가 무엇이겠는가? 그 대신에 IDP(Internally Displaced Person : 강제로 거주지에서 쫓겨나 자국 내에서 머무르는 사람들, 혹은 피난민들—역주)에게서 선물을 사거나 창녀촌에서 탈출하여 아름다운 노래를 부르는 여인에게서 선물을 사 보라. 그들이야말로 고난 중에 갖는 소망의 표상이 아닌가!

당신의 자녀들은 IDP가 무슨 뜻인지 알고 있는가? 그들에게서 사는 생일 선물 하나가 그 선물값보다 적은 돈으로 일 년을 살아야 하는 소년

소녀들에게 얼마나 큰 도움을 주는지 알고 있는가? 당신의 다음번 생일 잔치는 어떻게 치를 예정인가? 정말로 서라운드 음향기기를 새로 구입해서 성대한 파티를 벌일 작정인가? 같은 돈이면 신생 카렌 족 교회에 음향기기를 선물해서 수천 명이 생명의 말씀을 더 선명하게 들을 수 있을지도 모른다.

안식일은 기뻐하라고 명령할 뿐 그날의 기쁨을 방해하는 어떤 허무감이나 죄책감이나 중압감도 허용하지 않는다. 문제를 뿌리 뽑겠다는 자세로 행동에 돌입하는 것은 결코 바람직하지 못하다. 그 순간 하나님이 원하시는 일만 순종해서 실천한다면 그것으로 족할 것이다. 안식일은 하나님 아버지의 관대함에 함께 참여하자는 집요한 초대에 응하는 날이며, 본향 집의 환영 행사에서 춤추고 노래하는 날이다. 다만 마지막에 우리가 누구와 함께 춤을 추고 누구와 함께 노래를 부를지는 안식일의 수수께끼다.

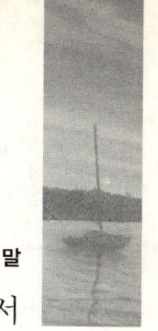

맺는 말
기쁨 가운데로 우리를 구원하소서

안식일은 지나간다. 안식일의 기쁨이 지나면 엿새간의 노동이 우리를 기다리고 있다. 그것은 분명 노동이다. 인간은 탄생의 고통부터 시작해서 소망과 절망, 빛의 출현과 어둠의 추락을 경험한다. 밤은 그날 끝내지 못한 일들을 가려 준다. 우리는 잠에 굴복하여 내일이 되면 꿈을 이룰 수 있으리라 기대한다. 다음 날도 그럭저럭 지나가지만 우리의 욕구는 채워지지 않는다. 그래서 일주일이 끝나 갈수록 안식일에 맞이할 기쁨과 영광이 더욱 가슴 깊이 다가오는 것이다.

모든 인간은 주중에 어떤 형태로든 전쟁을 치른다. 애쓰고, 싸우고, 물러서고, 타협하고, 항복한다. 우리는 휴식을 갈망하고 기쁨에 목말라 한다. 이 전쟁은 안식일의 쾌락을 아는 사람마저도 그날의 유희가 주는 단맛을 잊어버리게 만든다.

우리의 싸움은 혈과 육의 싸움이 아니다. 안식일을 방해하는 것은 분주함이나 야망이나 시간이 아니다. 우리는 즐거움을 빼앗으려는 적들과 전쟁을 치르고 있는 것이다. 즐거움은 우리를 당황하게 하고, 기뻐하라는 하나님의 명령은 우리를 기겁하게 만든다. 즐거움에 항복하는 것은 우리의 기쁨을 위해 특별한 계명까지도 고안하신 하나님의 열정적인 사랑에 응답하는 것이다.

하나님이 우리가 안식일의 기쁨을 누리기 원하심을 정말로 믿는가? 우상 잡기들과 더러운 영의 목소리를 잠재우고 하나님의 기쁨에 도취될 준비가 되어 있는가? 진흙탕에서 만신창이가 되었던 우리를 하나님이 건져 주지 않으셨다면 우리는 결코 안식일의 기쁨을 알지 못했을 것이다. 날마다 무수한 전쟁을 치르겠지만 또한 날마다 완전히 다른 세상에 대한 약속이 기다리고 있음을 잊지 말아야 한다.

1년 전, 마스힐 신학대학원이 시애틀 시내로 이사를 한 덕분에 나는 대중교통을 이용하거나 자전거를 타고서 출퇴근을 할 수 있게 되었다. 그전부터 안식일의 자전거 타기는 일주일 삶의 활력소가 되었던 터라 나는 일부러 자전거를 타고 다니기로 결심했다. 날마다 자전거를 타고 출근할 때면 은은한 대지의 향기가 나를 에워싸는 듯했다. 그것은 자동차의 소음, 유리창과 쇠붙이의 무덤에 갇혀 질식할 것 같았던 시간이 흉내 낼 수 없는 피조물의 향기였다. 자전거를 타고 달릴 때마다 나는 안식일의 느긋함과 여유로움이 생각난다. 안식일은 단 하루에 불과하지만 다른 날에도 얼마든지 그날의 기억을 되살릴 수 있다. 구속받지 않고 신명나게 놀 수 있는 날이 안식일뿐이라고 해도 일주일 내내 다가올 안식일의 의식과 상징들을 우리는 얼마든지 가슴 설레며 고대할 수 있다.

내 영혼에는 단순한 휴식 이상의 것이 필요하다. 내게는 시간의 성전(聖殿)이 필요하다. 성부와 성자와 성령께서 세상 만물의 아름다움을 통해 말씀하시는 음성을 이 세상 그 무엇보다 간절하게 듣고 싶다. 산업과 노역의 소음에 묻혀 버린, 외로움과 소외감에 잃어버린 칭찬과 애정의 말을 듣고 싶다. 스트레스와 고통과 고독이 판치는 세상에서 우리는 기쁨의 안식일을 거룩하게 지키라는 사명을 부여받았다.

안식일은 나의 날이다. 그리고 우리의 날이다. 우리는 하나님의 은혜를 맛보기 위한 감각적인 리듬과 의식을 만들어 내도록 창조된 존재다. 하나님의 들판에서 신나게 뛰어놀며 우리의 모든 감각을 그분의 신실한 사랑에 맞추기만 하면 된다. 하나님은 평일과 다른 방식으로 안식일에 우리와 놀고 우리를 사랑할 만반의 준비를 갖추어 놓고 계신다. 그럼 안식일은 다른 엿새와 무엇이 다른 것일까? 나도 모른다. 다만 안식일은 우리로 하여금 기뻐하라고 만드신 날임을 알 뿐이다. 안식일은 아름다움과 자유로움 가운데 가장 특별하게 놀라고 정해 주신 날이다. 만일 그런 날을 무시하거나 잘못 사용한다면 우리는 이상적인 삶에서 분명히 멀어져 버릴 것이다.

안식일은 일주일을 위한 소금과 빛의 날이다. 일주일 내내 지나간 안식일을 기억하고 또다시 다가올 안식일을 기대해야 한다. 종살이에서 해방된 기쁨과 창조의 기쁨을 절대로 잊어서는 안 된다. 작고 사소해 보이는 일에서조차 우리는 얼마든지 안식일을 상기할 수 있다.

안식일은 기쁨의 날이 오고 있다는 사실을 우리에게 약속해 준다. 봄날 산들바람에 실려오는 초목의 싱그러운 향내처럼 말이다. "주 하나님, 당신의 영광을 위해 우리 모두를 기쁨으로 인도하소서." 지금 안식일 여왕이 오고 있다. 안식일은 당신이 있는 곳에 거의 도달해 있다. 자, 이제 그녀를 맞아들이라. 당신을 영예롭게 하기 위한 그녀의 영광을 마음껏 누리고 즐거워하라.

> 안식일은 기쁨의 날이 오고 있다는 사실을 우리에게 약속해 준다.

기쁨 가운데로 우리를 구원하소서

주

시작하는 말 _ 기쁨을 선사하는 날

1) Jürgen Moltmann, "The Sabbath: The Feast of Creation", *Journal of Family Ministry* 14, no. 4 (2000), p. 38.

2) "잔치는 차고 넘치는 성격이 있다. 그래서 손님들을 잔치에 초대하며, 그래서 낯선 색을 위해 의자를 준비하며, 그래서 뭐든 최고급으로 마련하는 것이다. 이기주의와 개인주의는 잔치에 어울리지 않는다. 그런 죄들은 잔치 자리에서 맥을 추지 못한다. 그 사실이 잔치를 기쁨과 경쾌함과 광채로 빛나게 한다." Wiel Logister, "A Small Theology of Feasting", in Paulus G. F. Post, ed. *Christian Feast and Festival: The Dynamics of Western Liturgy and Culture*(Sterling, VA: Peeters, 2001), pp. 162-163를 보라.

1장 _ 잃어버린 안식일

1) Eugene H. Peterson, "The Good-for Nothing Sabbath", *Christianity Today* 38, no. 4 (1994). p. 34.

2) Chesterton은 이견을 제시했다. 기쁨이 훨씬 더 무겁기에 인간에게는 기쁨이 더 근본적 요소라는 것이다. 기쁨은 거대한 것이고 슬픔은 "특별하면서도 작은 것"이라고 그는 주장했다. G. K. Chesterton, *Orthodoxy* (San Francisco: Ignatius Press, 1995), p. 169.

3) Heschel은 시간이 포괄적이고 공간이 배타적이라고 말했다. Abraham

Joshua Heschel, *The Sabbath: Its Meaning for Modern Man* (New York: Farrar, Straus, and Giroux, 2005), p. 99. 「안식」(복있는사람 역간).

4) 같은 책, p. 23.

5) "하나님은 그분의 역사를 보시며 안식하신다. 왜냐하면 하나님은 '지으신 그 모든 것을 보시고' 매우 좋다고 생각하셨기 때문이다. 하나님은 그분의 빛난 얼굴을 만물 가운데로 향하시고 그것들을 축복하시며 활기차게 만드신다. 생령은 언제나 살아 계신 하나님의 빛나는 얼굴에서 나온다. 창조주께서 안식하시면 피조물들은 태양 아래 꽃들처럼 환하게 피어난다." Moltmann, "The Sabbath: The Feast of Creation", p. 39.

6) 여덟째 날에 대해서 그리스도인들은 "이 점을 믿어야 한다.…예수 그리스도의 죽음과 부활로 인해 이루어진 새로운 세상에서 안식일의 의미는 이전과 달라졌다. 따라서 이제부터 거룩한 날은 일곱째 날이 아니라 '여덟째 날', 즉 미래가 현재에 표출된 종말론적 날인 것이다." Dorothy C. Bass, "The Practice of Keeping Sabbath: A Gift for Our Time", *Living Pulpit* 7, no. 2(1998), p. 30.

2장 _ 감각적인 영광

1) 시간이 영원으로 향하는 창문이라는 관점을 더 자세히 알고 싶다면 Abraham Joshua Heschel, *The Sabbath: Its Meaning for Modern Man*(New York: Farrar, Straus, and Giroux, 2005), pp. 73-76를 보라.

2) David Bentley Hart, *The Beauty of the Infinite: The Aesthetics of Christian Truth* (Grand Rapids: Eerdmans, 2004), pp. 252-253.

3) 여기에서 Mike Mason이 했던 말이 생각난다. "나는 가끔 나체주의자들이 어떤 생각을 하는지 의아하다. 그들은 정말 벗고 사는 게 아무렇지 않은 걸까? 나는 지금도 아내의 벗은 몸을 보는 데 익숙하지 않다. 아내의 육체는 너무도 밝게 빛이 나기 때문에 눈이 부셔서 오랫동안 보고 있을 수가 없다. 아내에게서 눈을 떼고 싶지 않지만 어쩔 수 없이 눈을 떼어야만 한다. 비록 나의 아내라 하더라도 오랫동안 응시하거나 호기심으로 쳐다보는 것은 예의에

어긋나는 짓이며 범죄에 가깝다는 생각이 든다." Mike Mason, *The Mystery of Marriage* (Sisters, OR: Multnomah, 1996), p. 139. 「결혼의 신비」(진흥출판사 역간).

4) Ruth Haley Barton, *Sacred Rhythms: Arranging Our Lives for Spiritual Transformation* (Downers Grove, IL: InterVarsity, 2006). 「영적 성장을 위한 발돋음」(살림출판 역간).

3장 _ 성스러운 시간

1) "안식일은 이방인을 위한 성전이다. 언제 누가 와도 항상 자리가 마련되어 있는 성전이다. 왜냐하면 그 성전은 공간이 아니라 시간 속에 있는 장소이기 때문이다." Kendra Haloviak, "The Sabbath Song: An Alternative Vision", *Living Pulpit* 7, no. 2 (1998), p. 41.

2) Marilyn Gardner, "The Ascent of Hours on the Job", *Christian Science Monitor* 97, no. 110 (2005), p. 14.

3) 같은 책.

4) 같은 책, p. 15.

5) Sandra Block, "Off to Work They Go, Even after Retirement Age", *USA Today* (August 31, 2007).

6) John P. Robinson and Geoffrey Godbey, *Time for Life: The Surprising Ways Americans Use Their Time*, 2nd ed. (University Park, PA: Pennsylvania State University Press, 1999), p. 25.

7) 시간이 영원으로 향하는 창문이라는 관점을 더 자세히 알고 싶다면 Abraham Joshua Heschel, *The Sabbath: Its Meaning for Modern Man* (New York: Farrar, Straus, and Giroux, 2005), p. 99를 보라.

8) 같은 책, p. 97.

9) "우리는 시간을 절약한다는 말을 많이 하는데 시간의 진가를 잃어버리는 것은 사실 휴식 없이 바쁘게 일할 때다.···우리는 시간이 자신에게 속하지 않은 것처럼 시간을 뺏는다는 표현을 사용한다. 또한 시간이 모든 순간 우리와 함

께 있지 않은 것처럼 시간이 필요하다는 말도 한다. 더욱이 시간을 자기 힘으로 만들어 내는 양 시간을 만든다는 말도 서슴지 않는다." David Whyte, *Crossing the Unknown Sea: Work as a Pilgrimage of Identity* (New York: Riverhead, 2001), pp. 117-118.

10) Lewis Mumford, *Technics and Civilization* (New York: Harcourt, Brace, and Company, 1934), pp. 14-15.

11) Juliet Schor, *The Overworked American: The Unexpected Decline of Leisure* (New York: Basic Books, 1991), pp. 49-50.

12) "비청교도 교회에서는 시간을 어떻게 보내야 하는지 대신에 시간을 어떻게 소비해야 하는지를 가르쳤다. 21세기에 들어선 현대인들은 시간을 어떻게 관리해야 하는지를 배우고 있다.…대체 시간이 언제부터 그렇게 제멋대로 굴었다고 시간을 관리해야 한단 말인가?" Madeleine Bunting, *Willing Slaves: How the Overwork Culture Is Ruling Our Lives* (London: HarperCollins, 2004), p. 23.

13) Alexander Schmemann, *For the Life of the World: Sacraments and Orthodoxy*, 2nd rev. and expanded ed. (Crestwood, NY: St. Vladimir's Seminary Press, 2002), p. 49. 「세상에 생명을 주는 예배」(복있는사람 역간).

14) Bunting, *Willing Slaves: How the Overwork Culture Is Ruling Our Lives*, p. 157.

15) Whyte, *Crossing the Unknown Sea: Work as a Pilgrimage of Identity*, pp. 117-118.

16) Augustine and Hal McElwaine Helms, *The Confessions of St. Augustine: A Modern English Version* (Orleans, Mass: Paraclete Press, 1986), pp. 142-154. 「아우구스티누스 고백록」(종합출판범우 역간).

17) Joseph Mali, "Counterclockwise: Notes toward an Ecology of Time", European Legacy 3, no. 3 (1998), p. 13; Brian Edgar, "Time for God: Christian Stewardship and the Gift of Time", *Evangelical Review of*

Theology 27, no. 2 (2003), p. 129.

18) Deborah Bird Rose, "To Dance with Time: A Victoria River Aboriginal Study", *Australian Journal of Anthropology* 11, no. 3 (2000), pp. 288, 295를 보라.

19) Heschel, *The Sabbath: Its Meaning for Modern Man*, p. 59.

20) 같은 책, p. 67.

21) 같은 책, p. 68.

4장 _ 축제의 한마당

1) Eugene H. Peterson, "The Good-for-Nothing Sabbath", *Christianity Today* 38, no. 4 (1994). p. 34.

2) Jürgen Moltmann et al., *Theology of Play*, 1st ed. (New York: Harper & Row, 1972), p. 5.

3) John W. De Gruchy, *Christianity, Art and Transformation: Theological Aesthetics in the Struggle for Justice* (Cambridge, NY: Cambridge University Press, 2001), p. 114에 인용.

4) Vicki Bruce and Andrew W. Young, *In the Eye of the Beholder: The Science of Face Perception* (New York: Oxford University Press, 1998), p. 133.

5) David Bentley Hart, *The Beauty of the Infinite: The Aesthetics of Christian Truth* (Grand Rapids: MI: Eerdmans, 2003), p.16.

6) De Gruchy, *Christianity, Art and Transformation*, p. 111.

7) Belden C. Lane, "Jonathan Edwards on Beauty, Desire, and the Sensory World", *Theological Studies* 65, no. 1 (2004), pp. 46, 52.

8) Diane Ackerman, *A Natural History of the Senses*, 1st Vintage Books ed. (New York: Vintage Books, 1991), p. xvii. 「감각의 박물학」(작가정신 역간).

9) Augustine, Confessions, trans. R. S. Pine-Coffin(New York: Penguin

Books, 1961), pp. 211-212.

10) 같은 책, p. 238.

11) Brendan Doyle, *Meditations with Julian of Norwich* (Santa Fe: Bear & Company, 1983), p. 95.

12) 같은 책, p. 97.

13) Ackerman, *A Natural History of the Senses*, p. 178.

14) David Ford, *Self and Salvation: Being Transformed, Cambridge Studies in Christian Doctrine* (Cambridge, NY: Cambridge University Press, 1999), p. 267.

5장 _ 거룩한 놀이

1) Jürgen Moltmann et al., *Theology of Play*, 1st ed. (New York: Harper & Row, 1972), pp. 16-17.

2) 같은 책, pp. 12-13.

3) Ackerman, Diane, *Deep Play*, 1st ed. (New York: Random House, 1999). p. 4.

4) 같은 책, pp. 7-8.

5) C. S. Lewis, *Miracles* (New York: Harper Collins, 2001), p. 150. 「기적」(홍성사 역간).

6) Belden C. Lane, *The Solace of Fierce Landscapes: Exploring Desert and Mountain Spirituality* (New York: Oxford University Press, 1998), p. 178.

7) 같은 책.

8) Abraham Joshua Heschel, *The Sabbath: Its Meaning for Modern Man*(New York: Farrar, Straus, and Giroux, 2005), p. 18.

9) T. S. Eliot, "The Burial of the Dead, Lines 1-7", in *The Waste Land* (New York: Boni and Liveright, 1922). 「황무지」(민음사 역간).

안식

6장 _ 불화를 이기는 평강

1) Abraham Joshua Heschel, *The Sabbath: Its Meaning for Modern Man*(New York: Farrar, Straus, and Giroux, 2005), pp. 29.
2) "신과 여신의 가능성을 갖고 있는 사람들과 함께 살아간다는 것은 보통 심각한 문제가 아니다. 가장 재미없고 지루한 말상대가 어느 날 당신의 숭배 대상이 된다든지 혹은 생각하기조차 끔찍한 공포와 부패의 장본인이 되는 사회에서 현재 우리는 살아가고 있다. 어느 면에서 우리는 하루 종일 서로를 그런 방향으로 몰아가고 있다고 봐야 한다.···세상에 그냥 **보통** 사람은 없다. 당신과 이야기한 상대방은 결코 단순한 인간이 아니다." C. S. Lewis, *The weight of Glory* (New York: Harper Collins, 2001), pp. 45-46. 「영광의 무게」(홍성사 역간).
3) Nowman Wirzba, *Living with Sabbath: Discovering Rhythms of Rest and Delight*, ed. David S. Cunningham and William T. Cavanaugh (Grand Rapids, MI: Brazos Press, 2006), p. 38.
4) Madeleine Bunting, *Willing Slaves: How the Overwork Culture Is Ruling Our Lives* (London: HarperCollins, 2004), p. 215.

7장 _ 결핍을 이기는 풍요로움

1) Belden C. Lane, *The Solace of Fierce Landscapes: Exploring Desert and Mountain Spirituality* (New York: Oxford University Press, 1998), pp. 203-204.
2) Eddie Vedder, "Hard Sun", J-Records, 2007.
3) Patrick M and Brown Rooney, Melissa S, *Patterns of Household Charitable Giving by Income Group, 2005* [Indiana University and Google, Summer 2007 (cited May 16, 2008)]; http://philanthropy.iupui.edu.
4) http://www.twobeersbrewery.com.

8장 _ 절망을 이기는 기쁨

1) Lewis Hyde, *The Gift: Imagination and the Erotic Life of Property* (New York: Random House, 1983), p. 50.
2) 같은 책, p. 51.
3) "기쁨은 정의하거나 분석할 수 있는 것이 아니라 그저 참여하는 것이다. '네 주인의 즐거움에 참여할지어다'"(마 25:21). Alexander Schmermann, "The Proclamation of Joy: An Orthodox View", *Living Pulpit* 5, no. 4 (1996), p. 8.

9장 _ 안식일의 의식과 상징

1) Hans Urs Von Balthasar, *My Work: In Retrospect* (San Francisco: Communio Books, 1993), p. 97.
2) Hans Urs Von Balthasar, *Theo-Drama: Theological Dramatic Theory*, trans. Graham Harrison, 5 vols. (San Francisco: Ignatius Press, 1988), vol 1, p. 20.
3) 같은 책, vol 1, p. 20.
4) Fritjof Capra, *The Web of Life: A New Scientific Understanding of Living Systems*, 1st Anchor Books ed. (New York: Anchor Books, 1996), p. 190. 「생명의 그물」(범양사 역간).
5) "속도는 인간의 면죄부다.···소비지상주의에서 속도는 궁극적인 방어이며 멈추어서 진정으로 보는 것의 해독제다. 자신이 무엇을 하고 있는지, 그리고 자신이 어떤 인간이 되었는지를 진지하게 돌아보면 살아남지 못할 것 같은 두려움에 우리는 멈추어 서서 자기평가를 하지 않는다. 그래서 멈추지 않고 앞으로 더 빨리 나아가고 그럴수록 멈추기는 더 힘들어진다. 무언가 해 볼 만한 일이 나타나기만 하면 우리는 언제든 앞으로 달려 나간다. 속도는 또한 경고이기도 하다. 앞에 절벽이나 그 외의 위험한 것이 가까이 있다는 경고등이고 우리가 남의 삶을 살고 남의 일을 하고 있다는 확실한 징후이기도 하다. 그러나 속도는 우리를 멈추어 설 때의 고통에서 구해 주며 무의식적으로 자

신은 그런 사람이 아니라고 자신을 달래는 진통제이기도 하다." David Whyte, *Crossing the Unknown Sea: Work as a Pilgrimage of Identity* (New York: Riverhead Books, 2001), pp. 117-118.

6) "이 세상에 사는 동안 안식일의 맛을 즐기는 법을 배우지 못하고 영생의 풍미를 느끼지 못한다면 오는 세상에서도 영생의 참맛을 누리기는 힘들 것이다. 수많은 사람들이 안식일을 체험하지 못한 채 천국으로 들어와서 안식일의 아름다움을 볼 능력이 없다는 것은 슬픈 일이 아닐 수 없다." Abraham Joshua Heschel, *The Sabbath: Its Meaning for Modern Man*(New York: Farrar, Straus, and Giroux, 2005), p. 73.

10장 _ 안식일의 침묵

1) 출애굽기 16:22-30, 이후 주기도문에 그 내용이 반영된다(마 6:10-12).
2) "감사가 찬사로 음조를 바꾸기는 쉽다. 완벽하면 할수록 반복적인 찬사를 불러온다. 그때 찬사의 대상이 되는 자의 이름을 반복하는 것이 건청적이다. 무한히 창조적이고 지혜롭고 선하고 자비로운 하나님 앞에서 살아가기 위해서는 무한히 기발하고 멋진 찬사를 반복해야 한다.…다양한 내용을 반복하는 역동성 안에서 적극적으로 찬사를 수용한다." David Ford, *Self and Salvation: Being Transformed, Cambridge Studies in Christian Doctrine* (Cambridge, NY: Cambridge University Press, 1999), p. 155.
3) David Morris Schnarch, *Passionate Marriage: Love, Sex, and Intimacy in Emotionally Committed Relationsips*, 1st Owl book ed. (New York: Holt, 1998), p. 226.

11장 _ 안식일의 정의 구현

1) Jürgen Moltmann et al., *Theology of Play*, 1st ed. (New York: Harper & Row, 1972), pp. 44-45.
2) Dendra Haloviak, "The Sabbath Song: An Alternate Vision", *The Living Pulpit* 7, no. 2 (1998).

3) Moltmann et al., *Theology of Play*, p. 31.
4) *Displaced Reflection*에 대한 자세한 사항은 www.partnersworld.org를 참고하라.

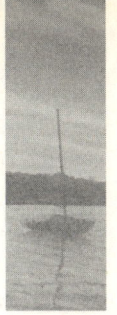

참고 문헌

시작하는 말 _ 기쁨을 선사하는 날

Logister, Wiel. "A Small Theology of Feasting." In *Christian Feast and Festival: The Dynamics of Western Liturgy and Culture*, edited by Paulus G. J. Post, 145-165, Sterling, VA: Peeters, 2001.

Moltmann, Jurgen. "The Sabbath: The Feast of Creation." *Journal of Family Ministry* 14, no. 4(2000): pp. 38-43.

1장 _ 잃어버린 안식일

Bass, Dorothy C. "The Practice of Keeping Sabbath: A Gift for Our Time." *Living Pulpit* 7, no. 2(1998): pp. 16-17.

Chesterton, G. K. *Orthodoxy*. San Francisco: Ignatius Press, 1995.

Davis, Ellen F. "Sabbath: The Culmination of Creation." *Living Pulpit* 7, no. 2(1998): pp. 6-7.

Heschel, Abraham Joshua. *The Sabbath: Its Meaning for Modern Man*. New York: Farrar, Straus, and Giroux, 2005. 「안식」(복있는사람, 2007).

Moltmann, Jürgen. "The Sabbath: The Feast of Creation." *Journal of Family Ministry* 14, no. 4(2000): pp. 38-43.

Peterson, Eugene H. "The Good-for-Nothing Sabbath." *Christianity Today*

38, no. 4(1994): p. 34.

Tyndale House Publishers. *Holy Bible: New Living Translation*. Wheaton, IL: Tyndale House Publishers, 1996.

2장 _ 감각적인 영광

Hart, David Bentley. *The Beauty of the Infinite: The Aesthetics of Christian Truth*. Grand Rapids: Eerdmans, 2003.

Heschel, Abraham Joshua. *The Sabbath: Its Meaning for Modern Man*. New York: Farrar, Straus, and Giroux, 2005.

Mason, Mike. *The Mystery of Marriage*. Sisters, OR: Multnomah, 1996.

Tyndale House Publishers. *Holy Bible: New Living Translation*. Wheaton, IL: Tyndale House Publishers, 1996.

3장 _ 성스러운 시간

Augustine and Hal McElwaine Helms. *The Confessions of St. Augustine: A Modern English Version*. Orleans, MA: Paraclete Press, 1986.

Block, Sandra. "Off to Work They Go, Even after Retirement Age." In *USA Today*, August 31, 2007.

Bunting Madeleine. *Willing Slaves: How the Overwork Culture Is Ruling Our Lives*. London: HarperCollins, 2004.

Edgar, Grian. "Time for God: Christian Stewardship and the Gift of Time." *Evangelical Review of Theology* 27, no. 2(2003): p. 128.

Gardner, Marilyn. "The Ascent of Hours on the Job." *Christian Science Monitor* 97, no. 110(2005): pp. 14-15.

Haloviak, Kendra. "The Sabbath Song: An Alternative Vision." *Living Pulpit* 7, no. 2(1998): pp. 40-41.

Heschel, Abraham Joshua. *The Sabbath: Its Meaning for Modern Man*. New York: Farrar, Straus, and Giroux, 2005.

Mali, Joseph. "Counterclockwise: Notes toward an Ecology of Time." *European Legacy* 3, no. 3(1998): p. 1.

Moltmann, Jürgen, Robert E. Neale, Sam Keen, David Leroy Miller, and Jürgen Moltmann. *Theology of Play*. 1st ed. New York: Harper & Row, 1972.

Mumford, Lewis. *Technics and Civilization*. New York: Harcourt, Brace and company, 1934.

Robinson, John P., and Geoffrey Godbey. *Time for Life: The Surprising Ways Americans Use Their Time*. 2nd ed. University Park, PA: Pennsylvania State University Press, 1999.

Rose, Deborah Bird. "To Dance with Time: A Victoria River Aboriginal Study." *Australian Journal of Anthropology* 11, no. 3 (2000): p. 287.

Schmemann, Alexander. *For the Life of the World: Sacraments and Orthodoxy*. 2nd rev. and expanded ed. Crestwood, NY: St. Vladmir's Seminary Press, 2002.

Schor, Juliet. *The Overworked American: The Unexpected Decline of Leisure*. New York: Basic Books, 1991.

Whyte, David. *Crossing the Unknown Sea: Work as a Pilgrimage of Identity*. New York: Riverhead Books, 2001.

4장 _ 축제의 한마당

Ackerman, Diane. *A Natural History of the Senses*, 1st Vintage Books ed. New York: Vintage Books, 1991. 「감각의 박물학」(작가정신, 2004).

Augustine. *Confessions*. Translated by R. S. Pine. Coffin. New York: Penguin, 1961.

Bruce, Vicki, and Andrew W. Young. *In the Eye of the Beholder: The Science of Face Perception*. New York: Oxford University Press, 1998.

De Gruchy, John W. *Christianity, Art, and Transformation: Theological Aesthetics in the Struggle for Justice.* Cambridge, NY: Cambridge University Press, 2001.

Doyle, Brendan. *Meditations with Julian of Norwich.* Santa Fe: Bear & Company, 1983.

Ford, David. *Self and Salvation: Being Transformed, Cambridge Studies in Christian Doctrine.* Cambridge, NY: Cambridge University Press, 1999.

Hart, David Bentley. *The Beauty of the Infinite: The Aesthetics of Christian Truth.* Grand Rapids: Eerdmans, 2003.

Lane, Belden C. "Jonathan Edwards on Beauty, Desire, and the Sensory World." *Theological Studies* 65, no. 1(2004): pp. 44-72.

Moltmann, Jürgen. "The Sabbath: The Feast of Creation." *Journal of Family Ministry* 14, no. 4(2000): pp. 38-43.

Moltmann, Jürgen, Robert E. Neale, Sam Keen, David LeRoy Miller, and Jürgen Moltmann. *Theology of Play.* 1st ed. New York: Harper & Row, 1972.

Peterson, Eugene H. "The Good-for-Nothing Sabbath." *Christianity Today* 38, no. 4(1994): p. 34.

Tyndale House Publishers. *Holy Bible: New Living Translation.* Wheaton, IL: Tyndale House Publishers, 1996.

5장 _ 거룩한 놀이

Ackerman, Diane. *Deep Play.* 1st ed. New York: Random House, 1999.

Eliot, T. S. "The Burial of the Dead, Lines 1-7." In *The Waste Land.* New York: Boni and Liveright 1922. 「황무지」(민음사, 2008).

Heschel, Abraham Joshua. *The Sabbath: Its Meaning for Modern Man.* New York: Farrar, Straus, and Giroux, 2005.

Lane, Belden C. *The Solace of Fierce Landscapes: Exploring Desert and Mountain Spirituality.* New York: Oxford University Press, 1998.

Lewis, C. S. *Miracles.* New York: Harper Collins, 2001. 「기적」(홍성사, 2008).

Moltmann, Jürgen, Robert E. Neale, Sam Keen, David LeRoy Miller, and Jürgen Moltmann. *Theology of Play.* 1st ed. New York: Harper & Row, 1972.

Tyndale House Publishers. *Holy Bible: New Living Translation.* Wheaton, IL: Tyndale House Publishers, 1996.

6장 _ 불화를 이기는 평강

Bunting Madeleine. *Willing Slaves: How the Overwork Culture Is Ruling Our Lives.* London: HarperCollins, 2004.

Heschel, Abraham Joshua. *The Sabbath: Its Meaning for Modern Man.* New York: Farrar, Straus, and Giroux, 2005.

Lewis, C. S. *The weight of Glory.* New York: Harper Collins, 2001. 「영광의 무게」(홍성사, 2008).

Tyndale House Publishers. *Holy Bible: New Living Translation.* Wheaton, IL: Tyndale House Publishers, 1996.

7장 _ 결핍을 이기는 풍요로움

Rooney, Patrick M and Brown, Melissa S. Summer 2007. Patterns of Household Charitable Giving by Income Group, 2005. In, Indiana University and Google, http://www.philanthropy.iupui.edu/Research/ Giving%20focused%20on%20meeting%20needs%20of%20the%20poor%20July%202007.pdf. (accessed May 16, 2008).

Tyndale House Publishers. *Holy Bible: New Living Translation.* Wheaton, IL: Tyndale House Publishers, 1996.

Vedder, Eddie. "Hard Sun." Music for the motion picture, *Into the Wild*: J-Records, 2007.

8장 _ 절망을 이기는 기쁨

Hyde, Lewis, *The Gift: Imagination and the Erotic Life of Property*. New York: Random House, 1983.

Schmemann, Alexander. "The Proclamation of Joy: An Orthodox View." *Living Pulpit* 5, no. 4(1996): p. 8.

Tyndale House Publishers. *Holy Bible: New Living Translation*. Wheaton, IL: Tyndale House Publishers, 1996.

9장 _ 안식일의 의식과 상징

Buechner, Frederick. T*elling the Truth: The Gospel as Tragedy, Comedy, and Fairy Tale*. 1st ed. San Francisco: Harper & Row, 1977.

Capra, Fritjof. *The Web of Life: A New Scientific Understanding of Living Systems*, 1st Anchor Books ed. New York: Anchor Books, 1996. 「생명의 그물」(범양사, 1998).

Heschel, Abraham Joshua. *The Sabbath: Its Meaning for Modern Man* (New York: Farrar, Straus, and Giroux, 2005.

Pieper, Josef, Gerald Malsbary, and Josef Pieper. *Leisure, the Basis of Culture*. South Bend, IN: St. Augustine's Press, 1998.

Tyndale House Publishers. *Holy Bible: New Living Translation*. Wheaton, IL: Tyndale House Publishers, 1996.

Von Balthasar, Hans Urs. *My Work: In Retrospect*. San Francisco: Communio Books, 1993.

―――. *Theo-Drama: Theological Dramatic Theory*. Translated by Graham Harrison. 5 vols. San Francisco: Ignatius Press, 1988.

Whyte, David. *Crossing the Unknown Sea: Work as a Pilgrimage of*

Identity. New York: Riverhead Books, 2001.

10장 _ 안식일의 침묵

Ford, David. *Self and Salvation: Being Transformed, Cambridge Studies in Christian Doctrine*. Cambridge, NY: Cambridge University Press, 1999.

Schnarch, David Morris. *Passionate Marriage: Love, Sex, and Intimacy in Emotionally Committed Relationship*. 1st Owl book ed. New York: Holt, 1998.

Tyndale House Publishers. *Holy Bible: New Living Translation*. Wheaton, IL: Tyndale House Publishers, 1996.

11장 _ 안식일의 정의 구현

Haloviak, Dendra. "The Sabbath Song: An Alternate Vision." *The Living Pulpit* 7, no. 2(1998): pp. 40-41.

Heschel, Abraham Joshua. *The Sabbath: Its Meaning for Modern Man*. New York: Farrar, Straus, and Giroux, 2005.

Moltmann, Jürgen, Robert E. Neale, Sam Keen, David Leroy Miller, and Jürgen Moltmann. *Theology of Play*. 1st ed. New York: Harper & Row, 1972.

Tyndale House Publishers. *Holy Bible: New Living Translation*. Wheaton, IL: Tyndale House Publishers, 1996.

맺는 말 _ 기쁨 가운데로 우리를 구원하소서

Tyndale House Publishers. *Holy Bible: New Living Translation*. Wheaton, IL: Tyndale House Publishers, 1996.

옮긴이 안정임은 1990년부터 예수전도단(YWAM)에서 전임사역자로 11년간 사역했고 이후 캐나다 Tyndale University에서 신학을 공부했다. 현재 전문번역가로 활동하고 있으며 역서로는 「하나님 당신을 의심해도 될까요?」, 「위험한 순종」(이상 국제제자훈련원), 「하나님과 친밀해지는 삶」, 「당신에게 없는 믿음」(이상 예수전도단), 「하나님은 어떻게 악을 이기셨는가?」, 「중단 없는 기도」(이상 IVP) 등 다수가 있다.

안식

초판 발행_ 2010년 12월 10일

지은이_ 댄 알렌더
옮긴이_ 안정임
펴낸이_ 신현기
책임편집_ 이은경

발행처_ 한국기독학생회출판부
판권 ⓒ_ 한국기독학생회출판부 2010
등록번호_ 제313-2001-198호(1978. 6. 1)
주소_ 121-838 서울 마포구 서교동 352-18
대표 전화_ (02)337-2257 팩스_ (02)337-2258
영업 전화_ (02)338-2282 팩스_ 080-915-1515
직영서점 산책_ (02)3141-5321
홈페이지_ http://www.ivp.co.kr 이메일_ ivp@ivp.co.kr
온라인 산책_ http://www.ivpbooks.co.kr
ISBN 978-89-328-1223-6

책값은 뒤표지에 있습니다.
무단 전재와 복제를 금합니다.